U0580101

历史唯物主义与中国道路

陈先达 著

Historical Materialism and
China's Road

北京师范大学出版集团
BEIJING NORMAL UNIVERSITY PUBLISHING GROUP
北京师范大学出版社

目 录

　　卢梭曾感叹过："人类的各种知识中最有用而又最不完备的，就是关于'人'的知识。"[①] 确实如此，人类最关心的是自己，但在很长的历史时期内最不了解的也是自己。狭小的生产规模和剥削阶级的偏见限制了人们的历史眼界。人们已经深入到自然的内部，但在社会生活中却停留在历史的表层。可是历史自身以及人们对历史的认识都不会停止。正如对自然界一样，在社会领域中人们也在不断地探索。马克思创立的唯物史观，就是人类对历史的探索最光辉的结晶。

---

① ［法］卢梭:《论人类不平等的起源和基础》，62页，北京，商务印书馆，1962。

人类是从自然开始自己的唯物主义哲学历程的。自然唯物主义和历史唯物主义相距很近，但又很遥远，用中国的成语"咫尺天涯"来形容是颇为恰当的。

它们距离很近，因为它们具有相同的唯物主义原则。历史唯物主义关于社会存在决定社会意识的论断，同一般唯物主义关于存在决定意识的原则是一致的。似乎只要加以引申、扩充、推导，就可以从一般唯物主义一步跨进历史唯物主义的大门。

实际上它们的距离又很遥远。对自然的唯物主义认识，早在古希腊就开始了。古希腊哲学家把物质性的始基作为宇宙万物的根源，以最朴素的形式表达了对世界物质统一性的看法。但从自然唯物主义通向历史唯物主义的道路却荆棘丛生、崎岖坎坷，人类在这条道路上经历了两千多年的探索，这是多么艰巨遥远的途程！

为什么会这样？其中一个主要原因在于社会不是自然的简单延伸，它有自己特殊的表现形式和规律，必须进行专门研究。列宁关于历史唯物主义同自然唯物主义在理论原则上具有一致性的论断①，从逻辑上说是完全正确的。但只有在历史唯物主义创立以后，人们才能看出它们之间的联系，因而列宁的论断是对既成事实的概括。在此之前，这种联系是隐蔽。两千多年中，唯物主义哲学家中并不乏聪敏才智之士，但没有一个人能从唯物主义原则中逻辑地推导出历史唯物主义结论。

在自然界中，人们看到的是物质和运动；而在社会领域，看到的是人的意志和行为。社会是人类活动的产物。在这个领域中进行活动的是有意识、有激情、怀着各自目的的人。但人们的目的并不都能产生预期的结果，它表现为一连串的偶然性，而且具体的历史事件具有不可重复的单一性。社会生活所呈现的这种主体性、单一性、偶然性的特点，成为横跨在自然和社会之间的"活动翻板"。即使是比较坚定的唯物主义者，当他们把视线由自然转向社会，进入社会历史领域时，几乎都被这块活动翻板翻向了唯心主义的深渊。列宁曾经总结人们对历史的认识，指出以往一切历史理论有两个主要缺点：第一，以往一切历史理论，至多是考察了人

① "一般唯物主义认为客观真实的存在（物质）不依赖于人类的意识、感觉、经验等等。历史唯物主义认为社会存在不依赖于人类的社会意识。在这两种场合下，意识都不过是存在的反映，至多也只是存在的近似正确的（恰当的、十分确切的）反映。"（《列宁选集》第2卷，332页，北京，人民出版社，1972）

们历史活动的思想动机，而没有考察产生这些动机的原因，没有发现社会关系体系发展的客观规律性，没有看出物质生产发展程度是这种关系的根源；第二，以往一切历史理论恰恰都没有说明人民群众的活动。这也就是说，以往一切历史理论都停留在人们的主观动机上，而且是伟大人物的主观动机。列宁总结的以往历史理论的根本缺点，是同社会在主体意识中所呈现的表面特征相一致的。

正因为这样，对自然的唯物主义认识早于对社会的认识。如果说在本体论和认识论方面，曾经出现过唯物主义的几种形式，在历史领域则不同。在唯物史观产生之前，唯心主义在这个领域中一直处于统治地位。但我们不能由此得出结论说，历史观没有发生过形态的变化，更不能说人类以往对历史的认识毫无建树，只是一连串谬误。正如同客观历史自身一样，人类对历史的认识也是在逐步进步的。

就与马克思关系密切的西方文化传统而言，早在古希腊、古罗马时代，就出现了诸如希罗多德、修昔底德、波里比阿、毕克托、老加图、萨鲁斯特、李维、塔西佗、普鲁塔克等著名历史学家，写了关于古代希波战争、伯罗奔尼撒战争，以及关于古希腊、古罗马历史的著作。他们力图保存当时人类已达到的成就，使其不致湮没无闻，而且努力探求某些历史事件的原因，这表现了人类对自身活动的兴趣和关注。就他们对历史的认识来说，不少人没有摆脱神的束缚。

他们相信天命，把神看成是主宰国家兴亡、人世变迁、民族盛衰荣辱的最高力量。

用超自然的意志和力量来解释历史发展和社会生活的神学历史观，在中世纪处于支配地位。他们把古代的某些神学历史观点发展成为一个体系。正如恩格斯所说："中世纪是从粗野的原始状态发展而来的。它把古代文明、古代哲学、政治和法律一扫而光，以便一切都从头做起。它从没落了的古代世界承受下来的唯一事物就是基督教和一些残破不全而且失掉文明的城市。其结果正如一切原始发展阶段中的情形一样，僧侣们获得了知识教育的垄断地位，因而教育本身也渗透了神学的性质。政治和法律都掌握在僧侣手中，也和其他一切科学一样，成了神学的分支，一切按照神学中通行的原则来处理。"[①] 从奥古斯丁到阿奎那都是神学历史观的积极鼓吹者，他们宣扬人间的一切秩序都是由神安排的，都决定于天意，除非得到神的帮助和启发，人永远不能全面了解有关人类自己的事情。这种神学历史观，用天意、天命、命运把历史自身的必然性和现实的因果关系变成神学的宿命论。

人类对历史的认识是受历史本身制约的，随着资本主义生产关系的逐步发展，特别是地理大发现，极大地拓展了

---

① 《马克思恩格斯全集》第7卷，400页，北京，人民出版社，1959。

人们的历史视野。文艺复兴时期开始的资产阶级人道主义思潮，标志着从神到人的转折。文艺复兴主义者逐步摒弃了神学历史观，把天国的历史变成世俗的历史，不是从神的意旨而是从人自身中探究历史的秘密，力图把神学的必然性变成历史的必然性，提出探讨历史的规律问题，这是一个巨大的进步。

古希腊的希罗多德被尊为"历史之父"，17世纪意大利的思想家乔·维科则被拉法格称为"历史哲学之父"。正是维科在他的《关于民族共同性的新科学原理》、《论合理的世界秩序的统一原则》等著作中，提出了探求历史发展的共同规律。

维科虽然没有完全摆脱神学历史观的局限，但也不直接用神的意志来解释历史。他说："一切有思想的人都不会惊奇哲学家曾努力试图认识上帝所创造的自然界，而这个认识本来只有上帝才能做到，相反地却轻视社会界的研究，这个认识人是可以达到的，因为社会是人创造的。"[1] 神创造了自然界，也只有神才能认识自然界；社会领域不同，社会是人创造的，也是人能认识的。维科关于自然和社会区分的观点当然是不科学的，但他强调人能认识自己创

---

① ［意］维科：《新科学原理》，转引自［法］拉法格：《思想起源论》，20页，北京，生活·读书·新知三联书店，1963。

造的社会，这同从奥古斯丁到阿奎那的神学历史观传统是不同的。

维科的一个巨大功绩在于，他强调了历史规律的共同性。人类历史尽管纷纭复杂，但不管他们的种族起源和地理环境如何，仍存在着一个统一的、一切民族在各个时代都要经历的过程。他说："有一个理想的永久的历史存在着，一切民族的历史总是要通过它的，他们不论是从野蛮、半开化还是从粗野状态出发，总是要达到文明。"[①] 正因为维科排除了神对历史的干预，他强调了各种社会力量的斗争在社会发展中具有重要意义。

当然，维科对历史规律的认识，并没有达到唯物主义的理解。他没有能力从社会自身出发寻找它的内在规律，而是采用同人类个体发育相类比的方法提出他的社会发展理论。他认为，正如任何个体发育都经历童年、青年、成年一样，人类社会的发展也经历了同样的过程。人类社会的童年是神的时代，这时没有国家，人们服从祭司，完全受宗教观念的统治；人类社会的青年是英雄时代，这是贵族统治的时代；而人类社会的成年则是凡人时代，这是民主共和国或保障资产阶级自由的代议制君主国家的时代。维科的政

---

① ［意］维科：《新科学原理》，转引自［法］拉法格：《思想起源论》，21 页，北京，生活·读书·新知三联书店，1963。

治倾向性是很明显的。他把凡人时代看成是人类社会发展的最高阶段，完全是为新兴资产阶级的政治理想作论证的。但维科按照个体发育进程来描绘历史，必定会陷入困境：或者人类社会像人类个体一样，在经历了童年、青年、成年之后走向死亡；或者每一代人又重新开始自己的生命历程，这样周而复始，构成生命不断的洪流。维科选择后者，认为人类社会在经历了三个发展阶段之后，又重新开始同样的进程，这样人类历史便陷入了循环，在封闭的圆圈里来回往复。

法国启蒙学派又前进一步，他们深入人与环境相互关系的问题进行探讨。人类借以生存的环境分为两类：一是自然环境，二是社会环境。认识的顺序是从人与自然环境的关系开始的。

孟德斯鸠的《论法的精神》就试图从人类社会都不可缺少的自然环境中寻找社会发展的规律。他在《论法的精神》序言中说，他的任务不在于非难各国存在的各种制度，而在于阐明它们。尽管社会法规是各种各样的，但它们既不是纯粹偶然的，也不取决于专断行为，而是有其共同规律的。任何民族的历史都是共同原则的个别表现，研究者的任务就在于探求这些共同原则。

其中一条共同性的原则，就是各种不同的国家制度、法律形式决定于人类社会所依存的自然环境，诸如气候、地理形势、土壤等。孟德斯鸠非常重视气候，他认为寒冷

　　　　　历史唯物主义与中国道路

的气候造就健康和勇敢的人，炎热的气候则造就软弱和怯懦的人；南方民族常常沦为奴隶，而北方民族则能够保护自己的自由。因此孟德斯鸠认为，奴隶制度同气候性质有着密不可分的关系。一些国家实行专制制度、一夫多妻制度、奴役妇女的制度，而另一些国家实行共和制、一夫一妻制，这都是由气候决定的。即使是宗教信仰也取决于气候，不适合一国气候的宗教，在该国是不能维持下去的。佛教之所以产生于印度，原因在于那里气候炎热。过度炎热的气候使人萎靡疲惫，趋向于清静无为。

孟德斯鸠还认为，国家制度决定于地理形势即领土的大小。狭小的领土适宜共和制，大小适中的领土适宜君主制，广袤的领土则适宜专制制度。亚洲幅员辽阔的领土，成为建立庞大专制帝国的前提。孟德斯鸠用领土规模来解释当时欧亚国家形式的差别。欧洲由于其天然领土的划分，形成了一些不大不小的基于法治的君主制国家，如果改变了这种国家形式，则它们必然趋于衰败；反之，亚洲辽阔的天然领土则适宜建立庞大的专制帝国，如果把统一的帝国分割为一些较小的单位，则必然与国家的天然领土划分相矛盾。

孟德斯鸠还强调社会制度对土壤的依赖关系。在他看来，不种土地的民族比农业民族享有更大的自由，因为土壤适宜种植的民族专注于农业，不关心自己的自由。而且从军事角度说，肥沃的地方易攻难守。不适宜发展农业的多山国家，易于防守，而且也不会成为征服的目标。土壤贫瘠，迫使人们进行艰苦劳动，培养他们勇敢耐战的精神。得到自然恩赐，能从自然界中获得一切的民族，则往往柔弱、懒惰、怯懦。而且土壤条件不同，政权形式也不同：居住在山地的人坚决主张平民统治，平原上的人要求由一些上层人物领导的政体，近海的人则向往一种由二者混合的政体。

地理环境对人类社会的影响无疑是存在的。特别是在人类社会的早期，生产力水平很低，这种影响尤其明显。但地理环境并不是社会发展的决定力量。一些曾经创造了高度文明的民族没落了，而另一些落后的民族和地区，后来又站在了历史发展的前列。它们各自的地理环境并没有发生重大的变化。改变缓慢的地理环境，不能成为社会迅速变化的原因，这是显而易见的。事实必然会迫使人们把视线从外部环境转向人类社会自身。

法国唯物主义完成了这一步，从关注人与自然环境的关系转向关注人与社会环境的关系。他们不是从土壤、气候、地形等外部因素，而是从人的意见和社会环境的相互作用中探讨社会的发展。例如爱尔维修反对笛卡尔的天赋观念，彻底发挥洛克的唯物主义原则，认为人是环境的产物，人的一切都是社会环境的结果。可是爱尔维修并不理解社会生活的本质。他把社会环境看成是一定的政治制度和法律制度，认为各族人民的性格和智慧随着政府形式的改变而变化；

历史唯物主义与中国道路

即使同一个民族，之所以有时崇高，有时低劣，有时稳定，有时变化，有时勇敢，有时胆怯，原因在于政府的形式不同。因此当爱尔维修解释为什么不同时期有不同的社会环境时，他又回到人自身，从人的主观意见中寻找社会环境的决定因素。在他看来，只要有真正天才的立法者，就能制定出好的法律，从而创立一个好的政府，而无知产生的是有缺点的法律，有缺点的法律造成恶习的发展，并引起社会灾难。

法国唯物主义者关于人与环境相互关系的论断显然是矛盾的，但这种矛盾，同说陆在鲸上、鲸在水上、水在陆上的矛盾不一样。法国唯物主义的历史观中所包含的这种矛盾，不是不能自圆其说的逻辑矛盾，而是表现为人们积极探索时碰到的一种理论矛盾。要走出这种相互论证的困境，必须进一步探索。

复辟时代的法国历史学家基佐、梯叶里、米涅表现出某种摆脱这种矛盾的倾向，他们试图走出相互作用的圈子，开始把着眼点移向环境的方面。基佐在《法国史概论》中说：“大部分著作家、学者、历史学家或政论家企图以某一社会的政治制度来解释这个社会的特定的状态，它的文明的程度或种类。假如从研究社会本身开始，以便认识和理解它的政治制度，这将更加聪明些。制度在成为原因之前，先是结果；社会先创造它们，然后在它们影响之下开始变化；不要按照政府的形式来判断人民的状况，而应该首先研究人民的状况以便判断它的政府应该怎样和能够怎样。"基佐还据此提出："社会，它的成分，按其社会地位而不同的各个人的生活式样，各人不同的阶级关系——总之人们的公民生活——无疑地，这是希望知道各民族过去如何生活的历史学家及希望知道他们过去如何被统治的政论家所应首先注意的第一个问题。"①

复辟时代的历史学家的历史观有两点突破性的意见：第一，他们已不像法国唯物主义那样从人的意见中寻找政治制度的依据，而是用财产关系来解释政治制度。例如基佐就是根据上面提到的原则研究西罗马灭亡后出现的状况，认为要研究这段历史，理解它们的政治制度，应该研究社会中不同阶层及其相互关系；而要知道这些不同阶层及其相互关系，必须研究土地关系的性质。第二，他们已经看到了阶级斗争，基佐、梯叶里、米涅对英国和法国历史的研究，都透过各种宗教斗争和党派斗争，看到了资产阶级反对贵族的阶级斗争。

但复辟时代的历史学家并没有提出唯物史观。他们向前迈进了一步，提出把财产关系作为政治制度的依据，从而走出了环境与人的意见相互作用的圈圈，但并没有最终

---

① 转引自［俄］普列汉诺夫：《论一元论历史观之发展》，15 页，北京，生活·读书·新知三联书店，1961。

解决这个矛盾。当复辟时代的历史学家企图回答财产关系的起源，回答为什么不同时期有不同的财产关系时，他们又援引人性作为答案。这样，他们虽然迈出了环境与意见这个小圈子，但仍停留在用人性来解释历史这个大圈子里面。普列汉诺夫曾正确地总结了这一点。他说："面对着财产关系的来源问题，复辟时代的法国历史学家们，谁大概都会如基佐一样，以或多或少机智地引用'人的天性'来摆脱困难。"并且他还指出："把'人的天性'看作解决一切法权、道德、政治、经济领域内'棘手事件'最高裁判者的观点，十九世纪的著作家完全是从上世纪的启蒙学者那里继承来的。"[1]

历史观能否进一步发展，取决于能否突破用人性来解释历史的范式。以人性来解释历史，无疑包含着不可解决的矛盾：不变的人性怎样能成为变动不居的历史的原因呢？如果人性也是变化的，那人性变化的原因又是什么呢？法国启蒙学派、复辟时代的历史学家、19世纪三大空想社会主义者，都在这个泥潭里扑腾。黑格尔看到了这个矛盾，并力图解决这个矛盾。他不是在人性之中，而是在人性之外，在他所虚构的绝对观念中寻找历史的动力，用绝对观念的自我发展来描绘历史。黑格尔关于历史规律性的观念是卓越的。

---

[1] ［俄］普列汉诺夫：《论一元论历史观之发展》，23页，北京，生活·读书·新知三联书店，1961。

它把自维科以来开始探求的历史发展规律的观点系统化了，但也神秘化了。人们在黑格尔关于地理环境，关于历史必然性和偶然性，关于恶（情欲）在历史中的作用，关于历史人物作用的论述中，都可以看到前人的影子。但只有像黑格尔这样的天才人物，才能用思辨的逻辑把它们编织在绝对观念的自我发展之网中。

黑格尔把历史看成是有规律的过程。黑格尔之后所面临的问题，是走出他所设置的迷宫，把理念的规律真正变成历史自身发展的规律。这不是纯粹思维的要求，而是时代的使命。完成这个伟大历史任务的不是别人，正是马克思。

二

如果没有马克思，会出现唯物史观吗？

如果马克思早出生或晚出生一个世纪，唯物史观的创立会相应提前或推迟吗？

如果……其实我们可以提出一系列"如果"，但历史面对的是既成事实，它应该是分析，而不是假设。

毫无疑问，唯物史观同它的创始人马克思是融为一体的。马克思个人的天才智慧、崇高品德、丰富学识、穷根究底的探索精神，以及他个人的经历、语言风格，都必然使他论述唯物史观的著作带有自己的特色。但唯物史观并不是源自马克思的头脑，而是时代的产物。对唯物史观的产生具有决定意义的是历史本身，而不是个人。

恩格斯晚年在同符·博尔吉乌斯讨论历史的必然性和偶然性的相互关系时认为，恰巧某个伟大人物在一定时间出现于某一国家，这当然纯粹是一种偶然现象。但是，如果我们把这个人除掉，那时就会需要有另外一个人来代替他，并且这个代替者是会出现的。对于唯物史观的创立来说同样如此。恩格斯说："如果说马克思发现了唯物史观，那么梯叶里、米涅、基佐以及1850年以前英国所有的历史编纂学家则表明，人们已经在这方面作过努力，而摩尔根对于同一观点的发现表明，发现这一观点的时机已经成熟了，这一观点必定被发现。"① 梅林也发表了同样的看法，他认为："唯物主义历史观也服从于它自己所制定的那个历史运动规律。它是历史发展的产物；在较早的时代，它是不会被任何最有天才的头脑凭空想出来的。只有达到一定高度时，人类历史才能揭开它自己的秘密。"②

当人类进入资本主义时代以后，各个国家，特别是生产力发达的毗邻地区之间的相互交往和相互影响，是闭关

① 《马克思恩格斯选集》第4卷，507页，北京，人民出版社，1995。
② ［德］梅林：《保卫马克思主义》，3页，北京，人民出版社，1982。

自守的封建社会所无法比拟的。如果说，德国古典哲学已经超出了德国一个国家的范围，成为法国革命的德国理论，那唯物史观更是如此。唯物史观和整个马克思主义一样，不仅是德国的产物，而且是包括英国、法国在内的欧洲许多国家的共同产物。资本主义时代所特有的矛盾的激化，是唯物史观产生的宏观环境。

资本主义时代有两个重大事件，从经济上说是从英国开始的工业革命，它的转折点是1825年；从政治上说是从1789年开始的法国资产阶级革命，它的转折点是1830年。

从18世纪中叶开始，英国开始了工业革命，发明了蒸汽机和棉花加工机，逐步用机器生产代替手工操作，以机器生产的大工业取代了工场手工业，极大地促进了生产力的发展。恩格斯把工业革命称为"狂飙时期"，他说："当革命的风暴横扫整个法国的时候，英国正在进行一场比较平静、但是并不因此就显得缺乏力量的变革。蒸汽和新的工具机把工场手工业变成了现代的大工业，从而把资产阶级社会的整个基础革命化了。工场手工业时代的迟缓的发展进程转变了生产中的真正的狂飙时期。"①

工业革命并不是英国出现的偶然现象，而是资本主义时代的共同特征。它或迟或早地以各种方式出现于其他资

---

① 《马克思恩格斯选集》第3卷，728页，北京，人民出版社，1995。

历史唯物主义与中国道路

本主义国家。阿尔温·托夫勒把它描述为一种"浪潮"——第二次浪潮。确实，工业革命是一次巨大的冲击。它摧毁了以农业和手工业为基础的生产方式，创造了新的生产方式，改变了社会结构和阶级结构，并冲击了传统观念和思维方式，为唯物辩证地考察历史提供了客观可能性。

以农业和手工业为基础的生产方式规模狭小，限制了人们的眼界。而以大机器生产为基础的资本主义生产方式则不同，它不仅形成了统一的国内市场，使各个生产部门联系成为一个整体，显示了生产的社会性，而且形成了世界市场。世界市场的开拓，密切了各个国家之间的联系。生产规模的扩展也伴随着眼界的扩展，人们有可能超出地区的狭隘性、民族的狭隘性，从宏观角度对各国的经济、历史、文化进行比较性的探讨。

以农业和手工业为基础的生产方式，其特点是发展缓慢。生产者的全部技能和生活源泉集中在自己的"手"上，集中在自己的劳动"经验"上，生产工具的变革会使他们丧失原有的劳动技能和经验，原封不动地保持旧的生产方式是他们生存的首要条件。以大机器生产为基础的资本主义生产方式不同，竞争以铁的规律迫使生产者运用科学，改进生产工具，否则他们就无法生存。"生产的不断变革，一切社会状况不停的动荡，永远的不安定和变动，这就是资产阶级时代不同于过去一切时代的地方。"①因此在小生产基础上形成的心理状态是害怕变化，容易产生凝固、守旧、崇尚传统的思维方式，而在大工业急剧变化中形成的社会心理和思维方式则与此相反。

在以农业和手工业为基础的生产方式中，历史发展的真正动因——经济同它的政治和阶级斗争之间的联系——既隐蔽又混乱，为一些中间环节所掩盖。以法律形式规定的地位等级区分掩盖了阶级划分的实质；宗教的、伦理的动机往往遮住了政治斗争的经济实质。而在以大工业为基础的生产方式中，这种联系简单化了。资本主义生产方式以公开的、无耻的、直接的、露骨的剥削，代替了原来由宗教幻想和政治幻想掩盖着的剥削。在这里，任何政治斗争都是非常明显地围绕经济利益展开的，政治权利不过是用来实现经济利益的手段。资本主义社会盛行的利己主义、拜金主义的社会意识，以最卑陋的、粗糙的、赤裸裸的形式，每时每刻都迫使人们感受到经济在社会生活中的关键地位。

以大工业为基础的资本主义生产具有不同于以往生产方式的特点，但它的显露是一个过程。资本主义生产方式发展并处于统治地位，才使原来潜伏的矛盾发展为强烈的对

---

① 马克思、恩格斯：《共产党宣言》，30页，北京，人民出版社，2018。

立。1825 年爆发的生产过剩的经济危机，以其惊人的外在表现，引导人们注意到资本主义生产方式的内在矛盾。

这是资本主义世界的第一次危机，它震动了整个英国。当时英国的许多报刊，如《泰晤士报》、《绅士杂志》、《年鉴》都竞相报道了这次危机：威廉斯银行倒闭，伦敦几家商号——伊韦雷特·沃克公司、西克斯·史奈斯公司倒闭，"各式各样的人纷纷提取存款"，"战战兢兢地等候新的破产消息"；工人失业状况加剧，无数台纺织机停止运转，"目前的失业和贫困现象是最近三十年来所没有过的"，"景况凄惨万分，穷人濒于饿死，各阶层居民都苦于时运不济"；"忍饥挨饿的失业工人被逼得走投无路，以致爆发了公开的暴动"。当时在布拉克本、阿克林顿、普雷斯顿、克利瑟罗、罗奇德耳、曼彻斯特、布腊德弗德、约克郡都发生了骚乱和暴动。[①]

如果说 1825 年是经济的转折点，那 1830 年则是政治的转折点，这两者是紧密联系。梅林在《中世纪末期以来的德国史》中说："从 1830 年起，世界历史上出现了一个新的转换点，出现了近代无产阶级具有世界历史意义的斗争。"[②] 这个意见无疑是正确的。

1830 年是个转折点，是无产阶级和资产阶级之间的矛

---

① 参见《国际共产主义运动史文献史料选编》第 1 卷，3～5 页，北京，中国人民大学出版社，1983。
② 转引自同上书，27 页。

盾由社会次要矛盾上升为主要矛盾的转折点。从 1789 年到 1830 年 7 月，法国资产阶级经历了革命、复辟、革命的曲折过程，最终确立了自己的统治，从此开始了无产阶级和资产阶级直接搏斗的阶段。

法国工人阶级曾经积极参加推翻波旁王朝的斗争，但胜利果实为资产阶级所独占。工人没有获得实际利益，处境日益恶化，引起了工人的普遍不满。著名的匈牙利作曲家弗朗茨·李斯特曾在一封信里描绘过他在里昂的亲身感受："一到里昂就陷入一种骇人听闻的苦难和令人难以忍受的贫困环境之中，使我非常激动，深感世道不公，心里充满了无法形容的悲痛……老年人不得安宁，青年人毫无希望，儿童也没有一点欢乐！大家一同都挤在臭气熏天的贫民窟内……连从未见到母亲嘴角上挂过笑容的孩子们也要俯身在织机上操作，用浑浊的目光注视着他们手指下现出供达官贵人的仔崽们玩赏的阿拉伯式图案或花纹。"[①] 里昂工人终于在 1831 年 11 月和 1834 年 4 月，两次举行大规模的武装起义，参加起义的不仅有织工，还有泥瓦工、细木工、皮鞋匠、印花工等。里昂工人起义宣告了第三等级时代的结束，无产阶级开始和昔日的盟友并肩战斗。

---

① 转引自《国际共产主义运动史文献史料选编》第 1 卷，27 页，北京，中国人民大学出版社，1983。

里昂工人起义失败后不久，英国工人掀起了宪章运动；德国工人发动了西里西亚纺织工人起义。这是欧洲无产阶级觉醒的标志，无产阶级已作为一支独立的政治力量大踏步地登上斗争舞台。

恩格斯非常重视无产阶级同资产阶级的斗争，把它看成唯物史观产生的决定性条件。他说："自然观的这种变革只能随着研究工作提供相应的实证的认识材料而实现，而在这期间一些在历史观上引起决定性转变的历史事实却老早就发生了。1831年在里昂发生了第一次工人起义；在1838—1842年，第一次全国性的工人运动，即英国的宪章派运动，达到了高潮。无产阶级和资产阶级之间的阶级斗争一方面随着大工业的发展，另一方面随着资产阶级新近取得的政治统治的发展，在欧洲最先进的国家的历史中升到了重要地位。"[1]

成熟的理论同成熟的阶级关系是相适应的，这条原则对于历史观同样适用。当无产阶级和资产阶级之间的矛盾上升为主要矛盾并展开激烈斗争，当英国、法国工人走上街头奋起反抗资产阶级，这不仅揭穿了资产阶级政治经济学关于资本和劳动利益一致，关于自由竞争必将带来普遍协调和全民幸福的学说是一种谎言，而且也标志着以唯心史观为指导

---

① 《马克思恩格斯选集》第3卷，364页，北京，人民出版社，1995。

的英法空想社会主义的幻灭。不理解物质利益，不理解任何基于物质利益的阶级斗争，否认物质生产在社会发展中的决定作用的唯心史观，同资本主义社会阶级斗争的现实是矛盾的。正因为这样，"新的事实迫使人们对以往的全部历史作一番新的研究"①，结果导致唯物史观的出现。

由此可见，唯物史观在19世纪40年代出现不是偶然的，它和1825年出现的经济危机、1830年出现的阶级斗争新局面是密切结合在一起的。如果我们把这种时代条件看成是唯物史观产生的宏观环境，那德国莱茵地区资本主义的迅速发展和阶级矛盾激化是中观环境，而马克思的家庭情况和周围环境，则是微观环境。其中起决定作用的是时代条件。

但要真正理解唯物史观产生的历史条件，仅仅叙述历史背景是不够的，还必须把握马克思是如何适应时代要求的。历史选择了马克思，但更重要的是马克思理解了历史，他真正把握了时代，反映了无产阶级的要求和愿望，把客观历史自身所蕴含的可能性，变成对历史的科学意识。黑格尔从唯心主义观点出发揭示了哲学和时代的关系。他说："哲学的任务在于理解存在的东西，因为存在的东西就是理性。就个人来说，每个人都是他那时代的产儿。哲学也是这样，

---

① 《马克思恩格斯选集》第3卷，365页，北京，人民出版社，1995。

它是被把握在思想中的它的时代。"①

　　唯物史观同它的历史条件之间的联系不是简单的反映和被反映的关系，它们之间联系的机制是复杂的。仅靠感官的接触，是不可能唯物辩证地理解社会生活的本质的。要真正把握历史过程的本质和动因，把握历史发展的一般规律，必须深入社会内部进行分析、解剖、研究。这是一种艰巨的科学劳动，没有动力，没有激情是不可想象的。马克思尽管贫病交加，备受迫害，但他依然以"入地狱"的精神执着地探索，就是对此最好的证明。

　　我们应该重视科学研究的主体在创立理论中的作用，但不能由此得出结论说，没有马克思就没有唯物史观。动力来自哪里？来自历史条件本身，来自每个时代所特有的尖锐矛盾。这种矛盾在理论形态上表现为问题，即时代要求。马克思的天才之处在于，他面对现实，敏锐地抓住了时代所提出的问题，并给予了科学的回答。问题——时代的矛盾；动机——解决矛盾的主观意图；科学答案的谜底——存在于时代本身。问题自身都蕴含着对问题的解决，关键在于研究。所以唯物史观产生的客观条件是时代，它是马克思自觉地适应已经登上政治舞台的无产阶级斗争的需要，透过发展到一定高度的资本主义外在化的矛盾产生的对历史

_____

① ［德］黑格尔：《法哲学原理》，12页，北京，商务印书馆，1961。

规律的理论意识。或者套用黑格尔的话说，它是在思维中被把握的时代。

三

时代以其自身的矛盾迫使人们注意，并规定人们认识可能达到的范围和界限，但它不能自发地产生任何理论。理论创造是精神生产，它有自己的特殊规律。其中一条重要的规律是，任何理论思维都必须以它的先驱者提供的思想资料作为前提。这表现了人类认识的继承性和连续性。

唯物史观有它的理论来源。困难并不在于列举马克思以前人类对历史认识所取得的成就，而在于分析马克思是如何对它们进行批判吸收的。正如同被埋藏在地下的矿产不构成现实的财富一样，未被研究过的理论不能作为马克思的历史理论的来源。梅林在《论历史唯物主义》中曾论述过德国浪漫历史学派和历史唯物主义的关系问题。浪漫历史学派的著名代表人物拉维涅 – 佩吉朗 1838 年在《运动规律和历史规律》中说过："真正的社会科学的进步迄今还是那样微小，是由于各种不同经济形式没有被好好地划分清楚，因为人们没有认识到各种不同经济形式组成着整个社会和国家组织的基础。人们忽视了，生产、产品分配、文化、文化传播、国家立法和国家形式，完全都是从经济形式中得到它们的内容和发展的；那些极重要的社会因素不可避免地产生于经济形式和经济形式的适当使用，一如产品是生产力的相互配合作用的结果一样，并且凡是显现社会病态的地方，照例都可以从社会形式和经济形式间的矛盾中找到它的根源。"①这段酷似历史唯物主义的论述，乍看起来会被误认为是马克思历史观的来源。梅林为此曾请教过恩格斯，得到了否定的回答。恩格斯告诉梅林："马克思在波恩和柏林居住期间，读了亚当·弥勒的著作和冯·哈勒先生的《复兴》等等，他只是以相当轻蔑的口吻评论这些作品，认为这些是庸俗的、辞藻华丽而夸夸其谈的作品，这些作品是模仿法国浪漫主义者约瑟夫·德·梅斯特尔和红衣主教博纳德的作品而写成的。即使他碰到了象您从拉维涅－佩吉朗著作中所引证的那些话，当时也绝不会给他留下任何印象，纵然他一般已经懂得了这些人想说的是什么。马克思当时是黑格尔派，对他来说，这个地方纯属异端邪说；对政治经济学，他还一无所知，因而'经济形态'一词对他根本没有任何意义。所以上述地方，即使他有所闻，也一定是一个耳朵进，一个耳朵出，不会在记忆里留下什么明显的痕迹。但是，我不认为在马克思 1837 年至 1842 年间读过的那些浪漫学派历史学家的著作

① 转引自［德］梅林：《保卫马克思主义》，10 页，北京，人民出版社，1982。

中，可以找到这类东西的影子。"①

由此可见，唯物史观的来源应该是确实为马克思所批判吸收了的东西。它的根据是马克思自己的著作，特别是他的读书笔记。马克思从大学时代就养成了做笔记的良好习惯，不仅有选择地摘录原文，并且对其加以评注。马克思的《波恩笔记》、《柏林笔记》、《克罗茨纳赫笔记》、《巴黎笔记》、《伦敦笔记》，都为我们提供了马克思如何吸收人类文化遗产的珍贵资料。荷兰阿姆斯特丹国际社会史研究所收藏的马克思手稿和读书笔记目录表明，马克思的阅读范围从古希腊罗马到19世纪40年代，包括哲学、经济学、政治、历史、宗教、道德、文学、艺术史等极其广泛的领域。从中我们可以看出唯物史观来源的特点。

第一，对人类全部优秀文化遗产的批判继承。

列宁反对把马克思主义看成故步自封、僵化不变的封闭体系的观点，强调马克思主义不是宗派主义，丝毫也没有离开世界文明发展的大道："马克思主义这一革命无产阶级的思想体系赢得了世界历史性的意义，是因为它并没有抛弃资产阶级时代最宝贵的成就，相反地却吸收和改造了两千多年来人类思想和文化发展中一切有价值的东西。"② 这一论

---

① 《马克思恩格斯全集》第38卷，480页，北京，人民出版社，1972。
② 《列宁选集》第4卷，362页，北京，人民出版社，1972。

断，同样适用于唯物史观。

唯物史观的直接与间接来源是多渠道的。马克思研究过古希腊罗马哲学，特别钻研过亚里士多德、德谟克利特、伊壁鸠鲁的著作，以及斯多葛主义、怀疑论，阅读了大量有关著作的残篇，并做了笔记。他还研究过历史，特别是法国革命史；研究过资产阶级启蒙学者的政治学说，特别是孟德斯鸠和卢梭的国家理论；钻研过法国 18 世纪唯物主义和复辟时代历史学家的著作；研究过德国古典哲学、英国古典政治经济学和 19 世纪三大空想社会主义者以及他们的先驱和后裔的著作。的确如列宁所说的，"凡是人类社会所创造的一切，他都用批判的态度加以审查，任何一点也没有忽略过去"[①]。

在考察多渠道的来源时，我们还应该注意到同时代人的影响。在科学探讨中相互影响的启发作用是不可忽视的。恩格斯在论述费尔巴哈始终停留在下半截唯物主义而没有达到唯物史观时，把他蛰居穷乡僻壤过着农民式的孤陋寡闻的生活作为一个重要原因，"这种生活迫使这位比其他任何哲学家都更爱好社交的哲学家从他的孤寂的头脑中，而不是从同他才智相当的人们的友好或敌对的接触中产生出自己的思想"[②]。马克思不同。处在沸腾政治生活旋涡中的马克

---

① 《列宁选集》第 4 卷，347 页，北京，人民出版社，1972。
② 《马克思恩格斯选集》第 4 卷，227 页，北京，人民出版社，1995。

思，不仅研究人类的文化遗产，而且重视同时代人的成就。马克思承认恩格斯、赫斯等人对自己的影响。恩格斯的《政治经济学大纲》对马克思的启发是公认的。

第二，对19世纪西欧社会理论的综合吸收。

列宁肯定马克思主义是两千多年人类优秀文化遗产的结晶，但在其中又特别强调德国古典哲学、英国古典政治经济学、19世纪三大空想社会主义思潮，认为"马克思是十九世纪人类三个最先进国家中三种主要思潮的继承人和天才的完成者"[①]。这两者并不矛盾，而是进一步强调了马克思主义最主要的来源，因为其中凝结着到19世纪上半叶为止人类思想的最高成就。就唯物史观来说，它不单纯来源于德国古典哲学，还吸收了法国复辟时代历史学家的合理思想。就其主要来源来说，马克思主义是德国古典哲学、英国古典政治经济学、19世纪三大空想社会主义思潮综合作用的结果。

黑格尔哲学是唯物史观的重要来源。这似乎很难理解。唯心主义历史观怎么能成为唯物史观的来源呢？其实并不奇怪。正如同马克思主义来源于非马克思主义一样，唯心主义历史观可以孕育出唯物主义历史观。精神生产不同于肉体生产。以基因为遗传物质的人类的延续是同种相生，而理论

---

① 《列宁选集》第2卷，580页，北京，人民出版社，1972。

思维则可以通过对前人提供的思想的吸收、消化、再创造，形成新的学派和新的理论。恩格斯曾经明确地说过，黑格尔"是第一个想证明历史中有一种发展、有一种内在联系的人，尽管他的历史哲学中的许多东西现在在我们看来十分古怪，如果把他的前辈，甚至把那些在他以后敢于对历史作总的思考的人同他相比，他的基本观点的宏伟，就是在今天也还值得钦佩。在《现象学》、《美学》、《哲学史》中，到处贯穿着这种宏伟的历史观，到处是历史地、在同历史的一定的（虽然是抽象地歪曲了的）联系中来处理材料的。这个划时代的历史观是新的唯物主义观点的直接的理论前提"①。没有辩证法，唯物史观的产生是不可想象的。黑格尔关于历史必然性的观点，关于劳动是人自我实现和自我创造的观点，关于矛盾是事物发展动力的观点，等等，对于马克思揭示历史自身的辩证过程无疑起了良好的引导作用。

费尔巴哈的历史观是唯心主义和形而上学的。可是他倡导的唯物主义的人本主义哲学，在当时为唯物主义历史观的产生创造了有利条件。这不仅在于费尔巴哈唯物主义的本体论和认识论，加快了马克思由唯心主义转向唯物主义的过程，而且他关于人的实在性的观点，关于人与自然统一的观点，关于人的本质存在于团体之中的观点，为马克思架设

---

① 《马克思恩格斯选集》第2卷，42页，北京，人民出版社，1995。

了一座从绝对观念通向现实的人及其历史的桥梁，因为"依靠从黑格尔那里继承来的理论武器，是不能理解这些人的经验的物质的行为的"①。特别是费尔巴哈对宗教的批判，从人的本质异化中寻找宗教的根源，叩响了通过分析宗教根源而通向唯物史观的大门。正如马克思所说的："由于费尔巴哈揭露了宗教世界是世俗世界的幻想，在德国理论面前就自然而然产生了一个费尔巴哈所没有回答的问题：人们是怎样把这些幻想'塞进自己头脑'的？这个问题甚至为德国理论家开辟了通向唯物主义世界观的道路。"②事实正是这样。人们在马克思的早期著作中不难发现，马克思是如何通过分析宗教的世俗基础而达到唯物史观的。

唯物史观是哲学，但它的来源不限于哲学。正如亲缘繁殖不利于种的发育一样，一种创造性的哲学理论一定会突破从哲学到哲学的局限。唯物史观的创立，就广泛吸收了非哲学领域中的成就。在这里，对英国古典政治经济学和19世纪三大空想社会主义思潮的改造起了重要作用。

英国古典政治经济学重视生产，把整个经济学的研究从流通领域转向生产领域；它们创立的劳动价值论不仅具有纯经济学的意义，而且包含着哲学意义，是以经济学的形式

---

① 《马克思恩格斯全集》第3卷，261页，北京，人民出版社，1960。
② 同上书，261页。

　　　　　　　　　　历史唯物主义与中国道路

对劳动作为主体自我创造能力的肯定；它们还从经济学的角度对资本主义社会的阶级关系作了分析，虽然它们的着眼点停留在分配方式，没有揭示阶级划分的实质，但从经济学而不是从法权角度来分析阶级无疑是一个进步。而且历史唯物主义的许多重要范畴，例如生产方式、社会经济形态、生产力、生产关系、经济基础、上层建筑，等等，并不是借自德国古典哲学，而是建立在政治经济学研究的基础之上。

19世纪三大空想社会主义者的历史观是唯心主义的，但也包含某些合理的因素。圣西门在《一个日内瓦居民给当代人的信》中，了解到法国革命是阶级斗争，并且不仅是贵族和市民等级，而且是贵族、市民等级和无财产群众之间的阶级斗争，这在1802年是极为天才的发现。圣西门还宣布政治是关于生产的科学，并预言政治将完全为经济所包容，初步表述了经济状况是政治制度基础的思想。傅立叶的著作虽然包含许多神秘的东西，但也包含许多真正有价值的东西，是对社会进行系统思考的一种社会哲学。傅立叶关于合理制度下每个人都应该根据自己兴趣劳动的观点，关于劳动与享受应一致的观点都是极有价值的，特别是把社会历史划分为蒙昧、宗法、野蛮、文明四个阶段的历史发展观，比起黑格尔按绝对观念自我发展来划分历史的强制结构要合理得多。欧文关于人的性格是先天组织和人在一生特别是发育时期所处的环境这两方面相结合的产物的观点，关于应该合理安排环境以使人的性格和智慧得到全面发展的观点，都是富有启发性的。

由上可见，正如马克思主义各个组成部分是统一的整体一样，唯物史观的理论来源也不是单一的。马克思的先驱者们在哲学、经济学、政治学领域所取得的成就形成了一种综合力量，一种理论的合力。如果说，英国、法国的资本主义生产方式的高度发展，弥补了德国经济落后的缺陷，形成了有利于唯物史观产生的时代条件，那我们同样可以说，马克思的先驱者们各自在不同领域所取得的成就，起到了相互补充的作用，形成了有利于唯物史观产生的理论环境。

第三，理论和实际的结合，研究重点的转移。

马克思对先驱者们思想的批判吸收不是一次完成的，而是经历了一个过程。马克思不可能一开始就接触到人类多方面的文化成就，而是随着他在实际生活中所碰到的理论难题，不断扩大自己的视野和研究范围。只要稍微考察一下马克思的读书笔记和研究重点的变化，我们就能大致勾画出马克思的思想发展和唯物史观形成的脉络。当马克思于 1837 年开始转向黑格尔，参加青年黑格尔运动时，他阅读了黑格尔的全部著作和他的弟子们的大部分著作；当马克思批判普鲁士专制制度和宗教，为自我意识和自由作论证时，他着力钻研古希腊罗马哲学；当马克思主编《莱茵报》碰到他所不熟悉的关于共产主义的争论时，他转向研究空想社会主义者的著作；当马克思退出《莱茵报》，集中力量解决他在编辑《莱茵报》时所碰到的苦恼问题——市民社会与国家的关系问题，清算黑格尔的国家观时，他研究费尔巴哈的著作，大力研究历史，研究资产阶级启蒙学者的政治理论；当他转向解剖市民社会时，他从哲学转向政治经济学，大量阅读有关经济学的著作。当然，这个过程不是直线的、一次性的，而是反复的。例如马克思在写作《资本论》时，又重新回过头来研究黑格尔的著作，特别是后者的逻辑学。

唯物史观产生的历史条件和理论来源表明，它是一种阶级性和科学性相结合的历史观。唯物史观是适应无产阶级的阶级斗争需要而产生出来的，有着强烈的阶级性；但它不是像西方某些学者所说的仅仅是阶级的意识形态，是一种辩护论，即为某一阶级利益作论证的工具。唯物史观广泛地吸收了人类优秀的文化遗产，是真实地揭示了历史自身规律的科学历史观。阶级性和科学性的统一是唯物史观的特点，也是它的优点。即使阶级结构和阶级关系发生彻底变化，唯物史观作为人类优秀文化遗产的结晶，也会继续保持它的科学价值。

唯物史观的产生有它的历史条件和理论来源，这个论断不仅适用于唯物史观的创立，而且适用于唯物史观的发展。如果说历史上某种哲学由于被奉为官方哲学而陷于停滞和枯萎的话，随着无产阶级胜利而处于指导地位的唯物史观则不会遭遇同样的命运。理论和实践相一致的原则保证了它的无限生命力。它重视新的历史条件，不断研究新时代提出的新问题；它重视多渠道的理论来源，不断吸收各门社会科学和自然科学的新成果。如果只注重创立时期的历史条件，而忽视当代的历史条件，只注重当时的理论来源，而忽视新的理论来源，把唯物史观变成一个与时代无关的、封闭的思想体系，肯定是错误的。

四

唯物史观的发展是一部永远不会终结的历史。人类自身创造历史又不断加深对历史的认识。马克思和恩格斯逝世后，拉法格、梅林、拉布里奥拉、列宁、普列汉诺夫以及以毛泽东为主要代表的中国共产党人都在理论和实践上对发展唯物史观做出了贡献。邓小平提出建设有中国特色的社会主义理论，把唯物史观创造性地运用于社会主义建设实践。相对于整个唯物史观发展史，马克思创立唯物史观的时期是短暂的。但这是一个极其重要的阶段，它确立了唯物史观的一些基本范畴和根本观点。要正确回答理论和现实向唯物史观提出的种种问题，都离不开对马克思创立唯物史观的思维进程和基本观点的研究。这种"探源"，或者说发生学的方法是非常重要的。

例如，要回答唯物史观是否过时这个问题，我们就必须研究马克思为什么创立唯物史观。西方有些学者认为，马克思的"各种理论都打着维多利亚时代资本主义的烙印"，马克思用以研究社会和历史的一般模型已经失去了价值。还有的学者虽然承认马克思的历史功绩，但强调马克思主义是旧的第二次浪潮即工业革命的产物，认为今天用马克思主义来诊断高技术社会的内部结构，如同在电子显微镜的时代仍用放大镜一样。这都是把进一步运用和发展唯物史观的条件同创立唯物史观的条件对立起来，没有弄清唯物史观之所以是科学历史观的根据。

唯物史观创立于19世纪40年代，标志着唯物史观创立的经典著作《德意志意识形态》写于1845年到1846年，同处于世界科技革命浪潮的当代相比，无论就生产力的发展来说，还是就科学技术的进步来说，都有明显不同。但马克思创立唯物史观并不是作为预言家，企图把以后全部人类发展史丰富多彩的内容，塞进一个固定不变的历史图式中，详尽地描绘未来；而是作为科学家，把以往用神的意旨、绝对观念、人的本性和意志来解释历史的形形色色的唯心主义、形而上学和循环论，从这个领域中驱逐出去，为研究人类社会和历史提供基本的科学理论和方法。对于完成这个任务来说，分析19世纪40年代无产阶级登上政治舞台的阶级状况，以及资本主义生产发展到一定高度所提供的材料，是完全可以做到的。迄今为止，无论生产力和科学技术怎样发展，没有任何证据能驳倒唯物史观关于物质资料生产是社会存在和发展的基础的理论，关于生产力是社会发展最终决定因素的理论，关于阶级结构取决于经济结构的理论，关于科学技术是生产力的理论，关于生产力和生产关系、经济基础和上层建筑辩证运动的理论，等等；相反倒是离开唯物史观，对科技发展中所呈现的生产力结构的变化、产业结构的变化、生产管理制度的变化、家庭结构的变化，以及人们的生活方式、价值观念、文化心理的变化就不可能做出正确的解释。尽管在唯物史观之后，特别是近几十年出现过不少关于社会历史的理论，其中有些确实提出了一些问题和可供借鉴的思想，但没有一个学派能超过或取代唯物史观。它们短暂的生命周期就是极好的证明。不能把唯物史观适用的范围和它创立的历史条件对立起来，因为它揭示了人类社会历史的本质和最根本的规律。唯物史观的内容要丰富和发展，研究的课题要更新，但必须沿着马克思已经开辟了的方向前进，另找"出路"是没有出路的，历史一再昭示了这一真理。

又如，对唯物史观的本质的理解，也不能离开对这段时期历史的研究。马克思创立唯物史观的过程，是从批判宗教、国家和法着手，逐步深入探讨它的物质根源，发现了物质资料生产方式的决定作用。这是一个从上层建筑现象进到研究经济基础的过程。这不仅同人的认识总是从结果进到原因的认识规律相符合，而且同马克思创立唯物史观的历史任务——把唯心史观驱逐出去是相联系的。马克思当时全力捕捉的是决定整个社会面貌和社会发展，合理地解释各种上层建筑现象的物质力量，因而没有时间和机会去着重论述问题的另一方面。但马克思从来没有否认上层建筑各种因素的相互联系以及它们对经济基础的反作用。马克思和恩格斯的全部著作都证明了这一点。把唯物史观曲解为只承认经济因素起决定作用的庸俗"经济决定"论，是有意无意地忽视马克思创立唯物史观时期的历史特点。

再如，从马克思创立唯物史观的思维逻辑进程来看，它经历了从异化到异化劳动，再从异化劳动到全面创立唯物史观的过程。这同马克思从上层建筑入手，逐步深入劳动和生产领域，发现历史的"终极原因"的过程是相一致的。这是个连续的、艰苦的理论探索过程，其中包含着矛盾和自我扬弃。恰如其分地估计每一步所取得的成就、问题以及发展方向，历史地、具体地分析马克思的思维进程，有助于我们比较正确地理解异化、人道主义这些重大理论问题。

马克思理论活动的特点，并不是从抽象地研究人的本质、异化这些范畴开始的。马克思关注的是现实，开始是德国的现实，紧接着是法国和英国的工人运动。马克思曾经把自己理论活动的特点，同青年黑格尔派中的某些人，特别是施蒂纳做过对比。他说，"在'施蒂纳'那里，'共产主义'

是从寻找'本质'开始的"，事实上"共产主义是用实际手段来追求实际目的的最实际的运动，它只是在德国，为了反对德国哲学家，才会稍为研究一下'本质'问题"。[①]这当然不是说，马克思不重视有关异化和人的本质问题。事实正好相反，在创立唯物史观的过程中，马克思从对宗教、国家、法的批判转向对市民社会的解剖，转向对"谋生劳动"和异化劳动的分析，都没有离开人的本质这个问题。这不难理解。马克思在确定的历史前提下开始理论探索，他的思维进程表现了历史的连续性和理论传统的力量。这当然不是马克思的"不幸"。如果没有从文艺复兴逐步开始的从神到人的过程，很难想象马克思在短短几年之内就能从关注抽象的人进到关注现实的人，进到关注人的物质生产活动。马克思继承了历史的传统又突破了传统，把对人类社会和历史的研究，包括对人、人的本质和资本主义社会异化劳动的分析置于唯物史观的基础之上，这是关键所在。把所谓青年马克思同老年马克思对立起来，或者把唯物史观归结为抽象人道主义，或者认为历史唯物主义不主张任何一种人道主义，都是片面的。

在马克思主义中，哲学、经济学、科学社会主义理论是不可分割，融为一体的。在唯物史观的创立时期，这一点

---

① 《马克思恩格斯全集》第 3 卷，236 页，北京，人民出版社，1960。

表现得尤为显著。马克思并不是为了构造一种历史哲学而创立唯物史观，他是在为无产阶级寻求彻底解放的道路，在科学地论证无产阶级历史使命过程中逐步形成自己的历史理论的；同样，如果马克思不突破德国古典哲学的思辨传统，始终停留在纯哲学的范围内，不从哲学转向经济学的研究，那马克思无非只是富于思辨的黑格尔式的马克思，而不能成为新的科学体系的创始人。反过来说，唯物史观为创立无产阶级的经济学和社会主义理论提供了科学的理论和方法。它们之间不是单线的链式的因果关系，而是相互促进、相互补充的复杂过程。

我们绝不应该忘记马克思主义是一个统一整体，去掉其中任何一个部分，都会使整体丧失它原有的性质。例如，当今世界上关于资本主义发展前途的争论，都直接或间接集中于这一争论的理论基础——唯物史观。如果唯物史观不是科学历史观，如果历史像西方某些学者所说是无规律、无方向的，纯属自我设计或选择，或者说在资本主义社会之后不是社会主义社会，而是后工业社会、超工业社会、信息社会、技术电子社会等，那么，不仅马克思关于社会主义革命的理论会失去客观规律的依据，而且人类对历史和社会的认识又要重新陷入宿命论、唯意志论的深渊。

任何历史都是现代史，这是克罗齐的"名言"。我们当然不同意这种相对主义，但得承认科学地反映历史真实性是不容易的，理论思维史尤其如此。不一定是有意歪曲，仅仅是资料不全、功力不深，就可能会得出错误的结论。再现马克思创立唯物史观的历程是一个严肃的、困难的任务，需要我们共同努力。在理论研究中，良好的愿望可以得到谅解，但不能成为自己掩饰错误的借口。

历史唯物主义与中国道路

第一章

历史唯物主义的本质及其应用

一、历史唯物主义是哲学而不是实证科学

历史唯物主义的本质是哲学，不是实证科学，也不是历史科学。在《德意志意识形态》中有段话说："在思辨终止的地方，在现实生活面前，正是描述人们实践活动和实际发展过程的真正实证科学开始的地方。"这段话的真正意义是指明了思辨历史哲学和历史唯物主义的根本区别。思辨历史哲学即马克思和恩格斯批评的"独立的哲学"是非实证的，因为它处于在历史现实之外，把它关于历史的观念强加于历史之中。思辨历史哲学的出发点是抽象的观念或者抽象的人；而历史唯物主义是实证的，因为它作为出发点的现实的人和他们的生产活动，是通过"经验可以观察到的"，"是

可以用纯粹经验的方法来确认的"。此处所谓实证科学是相对思辨哲学而言的，而不是说历史唯物主义是实证科学。离开了与思辨历史哲学相对比的意义，就容易形成对历史唯物主义性质的误解，以为它不是哲学而是实证科学。

历史唯物主义也不能简单归为历史科学。在《德意志意识形态》中，删去了一段我们经常引用的话，"我们仅仅知道一门唯一的科学，即历史科学。历史可以从两方面来考察，可以把它划分为自然史和人类史。但这两方面是不可分割的；只要人类存在，自然史和人类史就彼此相互制约。自然史即自然科学，我们这里不谈；我们需要研究的是人类史，因为整个意识形态不是曲解人类史，就是完全撇开人类史。意识形态本身只不过是这一历史的一个方面"。就这段话来说，我们也得不出历史唯物主义是历史科学的结论。因为马克思此处强调"我们仅仅知道一门唯一的科学，即历史科学"，是有特殊含义的，即与历史唯物主义是实证科学的提法相呼应，历史唯物主义是以现实的、经验的历史研究为依据的，即历史唯物主义不是从历史之外把历史应该如何的观念强加于历史，而是以现实的历史为依据，是从人类历史中概括出来的。说以自然史为依据，本质上就是以自然科学及其历史发展为依据；以人类史为依据，就是以人类历史和关于人类各领域的科学为依据。这表明历史唯物主义有着坚实和牢固的人类历史的事实基础。这种历史观才可能成为与思辨历史哲学相对的真正唯物主义的历史观。

马克思和恩格斯这段话讲的是历史唯物主义的基础问题、事实依据问题，而不是学科分类问题。如果不承认自然和社会有自身的不同的研究领域和不同领域的科学，认为一切科学都是历史科学，这种解读可能与马克思和恩格斯自己在许多不同领域研究的建树不符，与世界科学发展史和学科分类状况不相符。虽然很久以前就有学者认为马克思主义就是大历史学，这也只能从它作为理论的史实依据的一个角度说有些道理。如果把马克思主义说成是历史科学，而不是关于无产阶级和人类解放的科学社会主义理论体系，也很容易掩盖马克思主义的性质和使命。

其实，只要认真听取马克思和恩格斯自己的意见，我们就可以看到，历史唯物主义和唯物主义历史观这两个名称中，虽然都有历史二字，但历史唯物主义并不只是关于历史的科学，而首先是关于社会总体结构及其运动发展规律的理论。历史唯物主义的核心思想，如物质资料生产方式在社会形态中的决定作用、社会存在与社会意识、经济基础与上层建筑、生产力与生产关系、人是社会性主体、历史的本质是人追求自己目的的活动、社会发展动力和社会形态更替的规律、阶级和阶级斗争，等等，都是以总体性的社会中的各种因素及其相互关系为对象的，揭示的是人类社会的共有结构和发展的普遍规律。它不同于历史，任何历史都是国别或民族史，都是某一国某一民族特有的，是不可复制的。但历史唯物主义不同，它揭示的是人类社会共有的结构方式和规律。这种社会总体结构观又是一种历史观，因为全部人类和社会形态的更替，就是原有社会结构的解体和新的社会结构的确立。因此，历史唯物主义为我们观察人类社会的实际过程的历史，提供了一个具有普遍意义的理论和方法。历史唯物主义可以说是社会历史观，既关系社会总体性结构，又关系这种结构解体和演变的进程。

马克思和恩格斯没有旧有意义上的自然哲学，但有关于自然的哲学，恩格斯称之为新自然观；没有旧有意义上的历史哲学，但有关于社会历史及其发展规律的哲学，恩格斯称之为历史唯物主义。如果马克思和恩格斯著作中到处可见的关于唯物主义和辩证法的思想，包括关于人类社会发展的唯物主义和辩证法的观点不能表明历史唯物主义是哲学，它应该是什么？历史唯物主义是马克思主义哲学，它不是旧的历史哲学，因为它不是凌驾于历史现实之外，而是立足于历史现实之中，来源于实际历史，又要回归实际历史。历史唯物主义的普遍性不是抽象的普遍性，而是与特殊性相结合的普遍性。这种特性使历史唯物主义不仅具有历史本体论意义，而且可以发挥历史认识论、方法论和历史价值论的作用。这种作用只有哲学才具有。

一个完整的世界观当然应该包括自然观与社会历史观。

因为自然与社会在人类现实世界是不可分离的，但又有区别。只有自然观或只有社会历史观都是不完整的。这并不是马克思主义的特点。马克思哲学的独特之处在于，它消除了自然观与社会历史观的二元对立，建立了包括自然和历史在内的以实践为基础的彻底的辩证法与唯物主义相统一的哲学。由于它终结了旧的思辨哲学作为科学之科学无所不包的局限，突出它的世界观和方法论作用，因此这种马克思主义哲学同时可以被称为马克思主义世界观。"世界观"这个称谓突出了马克思主义哲学与无所不包无所不能、作为科学之科学的旧的思辨哲学之间的区别。

既然强调马克思主义的自然观是哲学、历史观是哲学，逻辑的结论必然是马克思主义并没有终结哲学，并没有把自身普通化为实证科学。我们要弄清马克思是在什么意义上讲哲学的终结的，不能脱离当时的语境。马克思和恩格斯创立自己新世界的时代正是德国哲学变革的时代，即由传统的思辨哲学转变为呼唤对世界改造的新哲学的时代。马克思经常使用哲学这个称呼来指称旧的思辨哲学，特别是黑格尔哲学。因为当时是在黑格尔哲学解体的时代。所谓哲学的终结，所谓我们的理论不是哲学而是世界观之类的提法都是在这种语境中使用的，表达的是对旧的思辨哲学特别是德国传统思辨哲学的超越。恩格斯的名著《费尔巴哈与德国古典哲学的终结》，这个书名极其明白无误地告诉我们马克思主义要终结的是什么哲学，是包括费尔巴哈在内的德国古典哲学。因为在他们看来，虽然费尔巴哈以清醒的唯物主义哲学取代黑格尔醉醺醺的唯心主义哲学，但他仍然没有超越把哲学视为科学之科学的思辨哲学传统，按马克思和恩格斯的说法，他们都是在黑格尔哲学基地上活动的。在此马克思和恩格斯用以超越旧的思辨哲学的思想仍然是一种哲学，即马克思和恩格斯正在创造的为无产阶级和人类解放而铸造的新哲学。只有哲学才能超越哲学，只有新哲学才能超越旧哲学，以非哲学的实证科学超越哲学是不可能的。

我们只要稍微熟悉一点马克思主义史，读过马克思1837 年在波恩大学写给他父亲的为哲学而苦恼的信，读一读《关于费尔巴哈的提纲》，就知道他们没有否定哲学，而是要扬弃旧哲学创立新哲学。马克思和恩格斯的思想转变，首先是哲学的转变，马克思主义的创立离不开马克思主义哲学。一个没有哲学的马克思主义体系的创立是不可想象的。第二国际时期，曾经有过马克思主义没有哲学，倡导回到康德的说法，俄国也产生过类似的说法，要为马克思主义寻找一个哲学基础，要回到贝克莱、马赫、阿芬那留斯的唯心主义经验论哲学。没有哲学的马克思主义是危险的。其实马克思主义有自己的哲学，这就是辩证唯物主义和历史唯物主义。要坚持马克思主义必须同时坚持辩证唯物主义和历史唯物主义，坚持自己的哲学基础。基础动摇了，马克思主义也就解体了。

二、社会规律的载体是社会而不是人

每代人都会死亡，人可以一代代更替，可只要社会形态没有发生改变，属于这一社会形态的规律就仍然在起作用。这里一个重大区别是，历史是人追求自己目的的活动，可追求的结果并不直接决定于每个人的主观追求，而是集体合力的产物。资本主义社会规律是资本主义社会的规律，而不是作为人的资产者的规律。资产阶级同样受这个规律支配。资产阶级可以换代，可以破产，可以出现新的资产者，但资本主义社会规律照样发挥作用，无论资产者是张三李四还是王五。人可以换代，规律依旧。这就是资本主义国家的总统可以不断换届，资产阶级人员构成可以变化，但资本主义仍然是资本主义的秘密所在。说社会规律是社会的规律，而不是说社会性规律与人无关。社会生活的本质是人类的实践，因此社会规律是在人类实践中形成又必须通过人类实践来实现的规律。但是人类实践成败与否、实践的正效应与负效应，取决于人类实践活动是否符合规律，而不是相反。这仿佛是悖论。为什么如此？因为人类实践活动直接创造的是对象化产品，而不是规律。规律是在实践中形成的各种关系的规律，规律的载体是以物质中介的一种必然的不断重复的本质联系。它在实践中形成又具有不由实践者任意支配的客观特性。

为什么会产生社会没有规律的看法呢？因为社会规律是大周期规律，是大尺度规律，而自然规律是铁的规律，是每时每刻都起作用的规律。向上抛苹果，每次都会往下掉，抛任何东西都是如此，没有例外。社会领域的规律似乎不是铁的规律，而是有弹性的规律，人似乎可以任意妄为、在一定时期感受不到规律的作用，这是因为历史规律与自然规律作用的方式不同。社会规律是大尺度规律，它起作用需要几十年甚至几百年。例如，社会主义革命在一个国家的胜利和建设，需要几代甚至几十代人，其中还可能存在反复，至于世界性的转变则是多少世代才能实现的。生产力决定生产关系的规律，也是如此，适应生产力发展的生产关系往往要经过很多年逐步形成，例如在封建社会基础上建立完善的资本主义经济制度经历过很长时期；社会主义更是如此，中国有长达七十年的时间在不断调整所有制结构，以促进生产力的发展。自然规律不同，它是立竿见影的，对每个自然现象都毫不例外，自然规律支配每个同类的个体，而社会规律只能在过程中发生作用。

正因为社会历史规律具有长时段的特点，往往容易使人们得出两个结论：第一，否认社会历史发展有规律。因为在这个长时段中，历史中有许多偶然性，许许多多无法预测的事件的出现容易使人看不到社会发展规律的作用。实际上规律就是通过无数偶然事件起作用的。第二，由于历史发展的反复，例如苏联解体、东欧剧变，资本主义复辟，从而怀疑社会主义的两个必然性。我们没有想到，社会发展是个过程，社会矛盾从开始萌芽、发展、激化到解决是一个过程，因而规律作用的实现也必然是个过程。无论当政者如何清明，当社会矛盾积累到无法解决时，社会革命就会到来。我说过，社会规律是算总账的而不是算细账的。一个社会统治者每一次倒行逆施，专横、压迫，似乎并不妨碍统治，可积累到官逼民反时，危机就到来了。中国人说，善有善报，恶有恶报，不是不报，时间未到，时间一到，全都报销。这句俗语用来形容社会规律作用的特点，颇为贴切。

中国新民主主义革命经历了三十年，再加上旧民主主义革命，共一百多年。这就是说，经过一百多年中国才完成了由半殖民地半封建社会向现代社会的转变。年鉴派历史学家布罗代尔在他的著名文章《长时段》中说："马克思的天才，马克思经久不衰的力量和秘密，来源于他第一次以历史的长时段为基础制定了真正的社会模式。"没有长时段观念，就没有历史观念，就很难发现社会规律，只能就事论事。

卡尔·波普尔之所以反对历史规律，其中一个原因就是他没有长时段观念。在他看来，历史研究的对象是独一无二的个别现象，而一种独一无二的事件的过程，无法检验一种普遍的规律。所以他明确说，从他的观点看来，不可能有什么规律。当然，如果把历史事件看成孤立的无关的现象，当然无法发现规律，如果从历史长时段看，我们把历史事件看成彼此联系的历史过程的一部分，情况就完全不一样了。在历史事件的彼此联系中，呈现出的是历史之流，而不是孤立的事件。从每一个事件来看，它似乎是偶然的，但无数偶然事件中贯穿着一种历史必然性。片断中呈现的偶然，在历史过程中体现一种必然性。规律只能存在于过程之中，而不是某一独立的事件中。我们承认社会发展规律，但不否认社会领域中偶然性、选择性的重要作用。承认社会规律必然承认社会中的因果律，不能因为重视偶然性、选择性就认为可以从社会领域中排除因果性观念，就以为凭借因果性观察社会历史会陷入宿命论、机械论。这种看法是不对的。

历史学不只是关于过去发生过什么事的记载，而应该同时包括对原因的探索，从中发现历史规律，并得出有益于后人的经验教训。因此历史学不应只是叙述，而必须同时是解释，叙述是事实的陈述，而解释则是对历史事件因果关系的理解。

因果性是自然界和社会中普遍存在的一种联系。自然界的因果性虽然遭到不可知论者的怀疑，认为只是前后相继，并非因果，可是人们只要通过实践证明相同的原因可以导致相同的结果，就可以证明自然界存在因果制约性。在自然科学领域没有不承认因果关系的。不承认，自然科学就无法研究。

社会现象中的因果关系比较复杂，但也是相互联系的一种方式。往往多种原因形成一种结果，或者一种原因可以造成多种结果。不过不管如何复杂，社会现象不可能是无原因的。因果联系是理解社会现象如何产生、为什么产生的一种基本理论和方法。为什么美国发生次贷危机？肯定有原因。至于原因是什么，当然要分析、要研究。但是有一点可以肯定，社会和自然一样，没有无缘无故发生的事，都有原因可寻。研究因果关系应该是历史观的一个重大问题。不能追问原因、不能解释原因的历史学是毫无意义的，也是没有必要的。

因果关系不等于必然性。有原因不等于必然如此，因为原因可以有必然的原因，也可以有偶然的原因。一个人发生车祸，肯定有原因，但不一定必然。车祸绝大多数是偶然性造成的，是可以避免的。而必然性因果关系是不可避免的。例如，陈胜、吴广因遇雨失期当斩因而起义，遇雨是偶然的原因，可能遇雨也可能不遇雨，因此陈胜、吴广当时起义可能发生也可能不发生，但农民革命在封建社会中具有必然性。

任何因果关系的考察都是两种现象之间关系的考察，因此因果关系是针对特定结果的关系，而不能是无限联系中的一连串关系，在一连串关系中无法追问因果，因为无限因果关系就化作事物的普遍联系。从普遍联系着眼，就是无限联系的链条，根本弄不清因果关系，因为它互为因果。所以因果关系必须是对具体事件因果关系的分析。例如中国革命战争的原因是什么，中国沦为半殖民地半封建的原因是什么，如此等等。因果关系在主体意识中往往表现为问题。没有问题，不提出问题，就无法分析因果关系。事实上没有一种历史理论不包括因果解释：有神学论的因果论，神是最终原因；有道德因果论，道德善恶是报应的原因；有天命论的因果论，天意是最终原因。这些因果论都是无法证实的。古人说，"天意从来高难问"。谁知道天命天意神意呢，这些无非是无法解释的命定论的解释变形而已。

马克思不是目的论者，社会形态更替不存在目的关系，但历史唯物主义是因果论者，承认事物的因果关系。社会形态的转变是自然历史过程。而实现这一转变的是历史中行动的人，人为了自身利益而实现了历史的无意识的要求。当原始社会末期生产力发展和生产有剩余，利用人力来劳动比杀死俘虏更有利时，奴隶制便逐渐产生。同理，当封建社会末期，货币地租取代劳役地租，利用货币作为工业和商业资本的收益远远超过土地耕种时，资本主义生产关系便随之产生。这种转变涉及利益，因而往往会通过革命或战争来进行。资本主义社会也不是以实现社会主义为目的，而实现社会主义是在资本主义社会中最受损害和压迫的人们的要求。资本主义高度发展的生产力提供了实现这种转变的可能性，而实现这种转变的是人，是现实的人，即无产阶级及其政党。人的解放和人的自由全面发展，并不是原始社会就开始产生的要求，也不是人的本性的要求，而是资本主义生产力和文明高度发展提供的可能性，促使理论家们提出了这种要求，把客观可能性变为自觉的理论意识。所以社会发展蕴含着发展到另一种更高形态的可能性和趋势，而这种可能性由于对于生活其中的某一个集团或阶级来说有利，从而成为实现这一转变的主体。所以社会形态的更替不包含历史自身的目的，而是在一种社会形态末期，自发地孕育着新的因素，其中包含产生新社会形态的可能性，这种可能性由于符合与它相联系的阶级或集团的利益而变为现实。因此目的是人的活动动因，当人的目的介入社会发展自然过程时，就把社会发展无目的的因果性与人的活动的目的性结合在了一起。可以说，社会自身是母亲，而人的活动，它的革命与变革是助产士，两者结合才产生婴儿。因此，对社会形态的更替自身，我们应该进行因果关系的分析而不排除目的论的解释，但当把人的活动与社会发展自身相结合考虑时，我们就必然会充分意识到人的目的活动的能动意义。

如果历史唯物主义关于生产力与生产关系之间的矛盾运动规律的确是规律，为什么生产力迅速发展，要求突破旧生产关系，可以发生革命；而中国生产力不发展，也会发生革命？这符合历史唯物主义关于生产力与生产关系的规律吗？我们对马克思关于当生产关系不能容纳生产力发展时革命就会到来的理解，必须采取辩证的态度。马克思主要揭示了生产力与生产关系的矛盾运动是社会发展的动力。可生产力与生产关系的矛盾可以有各种表现，往往是生产力迅速发展，生产关系变为迅速发展的生产力的桎梏；可是也有相反的情况，不是生产力迅速发展要求改变生产关系，而是生产力萎缩，民生凋敝，表现为官逼民反，不起来革命，就无法活命。中国之所以发生中国共产党领导的革命，并不是因为生产力迅速发展，而是由于清政府腐败无能，生产力不发展，民生多艰，中国没有出路。除了革命，只能灭亡。中国革命是救亡图存、保国保种的革命。这两种情况与马克思的理论并不矛盾。因为马克思说，一切社会冲突在于生产力与生产关系的矛盾。而生产力迅速发展要求突破生产关系，和生产力萎缩要求改变生产关系本质上一样，都是生产力与生产关系的矛盾，只是表现方式不同。只有这样，我们才能理解，为什么生产力高度发展的西方发达资本主义社会没有发生革命，而俄国和中国发生了革命。原因就在于俄国和中国的旧生产关系及建立其上的上层建筑严重阻碍生产力发展，使生产力呈现萎缩状态。尽管生产力水平不高，旧生产关系仍然没有可容纳发展的空间。但是无论是俄国还是中国，在革命以后仍然要把发展生产力放在首要地位。因为新的社会主义生产关系是不可能依靠低下的生产力来巩固和发展的。这仍然是马克思主义关于生产关系必须与生产力相适应的规律在起作用，如果生产力长期落后于生产关系，社会主义就不可能巩固和发展。这就是苏联解体的原因，也是中国实行改革的原因。

如果历史有规律，为什么历史事件不能预测？历史事件是不可能预测的，但历史的发展趋势和前景是可以有科学分析的。历史事件是尚未发生的事件，它的特性是具体性，任何具体的东西都是无法预测的，如果预测也只是其可能性。而可能性往往有两种——可能和不可能，而不是必然发生。

史学是研究已经发生的事和人的活动的科学。它的功能是叙述事实和理解事实，而不是预测未来。历史唯物主义是对普遍规律的探求，而不是追求未卜先知。不能说过去如何，现在必然如何；现在如何，未来必然如何，因为条件是变化的，偶然因素是多样的。用所谓"蝴蝶效应"来观察历史不可能得出正确的结论。但是通过历史唯物主义对历史经验的总结，可以更好地理解现在，而理解现在，对判断未来有帮助。这不是对具体历史事件之必然性的预测，而是对发展趋势的一种预测。具体事件无法预测。但我们根据日本明治维新以后的政治和军事发展历史，可以判断它向中国发动侵略的可能性和必然性，因为向外扩张是资本主义的特性，特别是资本主义与军国主义结合的日本更是如此。历史唯物主义不是算命卜卦，它不可能预测日本侵略中国的具体历史事件在哪一天、以什么方式发生，但日本的侵略意图和它的野心是可以预测的，因为这表现在它的社会制度的本质和已经发生的一连串行动之中。

三、社会形态理论是对世界历史发展规律的揭示而不是公式

关于历史唯物主义社会形态理论，历史学界与哲学界争论很多、分歧很大。我觉得说中国没有封建社会好像不太妥当。这涉及中国鸦片战争以后关于中国社会半殖民地半封建社会的定性问题，关系中国自此以后革命的性质，特别是中国共产党领导的革命性质问题，关系到革命对象、动力等一系列问题。

毫无疑问，中国以地主土地所有制和小农经济为主体、以地主和农民为主要矛盾、不存在人身依附关系的中国封建社会，和西方农奴依附领主的庄园制的封建社会，有很大的不同。但不能因此说，它们不是同属于封建社会。因为历史唯物主义的社会形态理论是指社会的社会形态属性，是共性，而不是某一社会的特性。我以为东方专制主义只能是对

中国封建社会政权性质的定性，而不是对中国封建社会性质的定性。同理我们也可以称中国的奴隶社会为东方奴隶制国家，等等。东方、西方只是地域名称，不能算社会性质的名称。专制主义、民主主义只算是政权的形式而不是社会性质的定性。希腊奴隶制是民主制，并不妨碍它仍然是奴隶社会，希特勒的德国实行的是专制独裁的法西斯主义专政，但它的社会性质仍然是资本主义社会。东方专制主义只能算是中国封建社会的特点，其并不因此就可以成为一种独立的、根本不同于西方封建社会的特殊社会形态。

历史唯物主义关于社会形态的理论，强调的是普遍性和同一性，至今为止，我们可以将人类的历史划分为五种社会形态，可是同一社会形态的具体各个社会又各具特点。同样是资本主义社会，从政治结构来说，有的是议会民主制，有的是总统制，有的发达国家仍保留王室。在一个发达的号称人人平等的国家，仍供养王室有些不可思议。但是，这与资本主义制度并不矛盾。因为对资本主义统治来说，王室是一个很好的平衡器。政府几年轮换，你方唱罢我登场，完全是公务员，而王室具有崇高威信，成为社会重心。当发生政治危机或产生尖锐矛盾时，王室往往发挥调节器的作用，因为社会公众对王室具有一种来自传统的尊重和精神上的信赖。资本主义宁愿花纳税人的钱来供养王室。王室对统治无害，因为它不干预政治，不会与政府争权；它必要时可以成为社会稳定器，成为社会人心的支撑。

有没有保留王室与一个国家的文化与传统不可分。如果资本主义革命通过激烈斗争取得政权，资本主义与封建势力经过了长期残酷的斗争，就不太可能保留王室，如法国国王就被送上绞架；而英国资产阶级通过所谓"光荣革命"取得政权，胜利是妥协的产物，因而英国长期保留王室。其他一些国家也是如此，资产阶级取得政权的初始条件不同，沿袭下来的传统就不同，因为封建社会中处于统治地位的王室不反对处于被统治地位的资产阶级，或者自身也完全资产阶级化，则它们在本质上是一致的。王室的保留对资本主义社会的稳定有利，当然会保留。相同经济基础条件下，各个民族的文化特点更是如此，不会因为社会性质相同而消除文化多元性。因此我们不能教条地对待历史唯物主义，把历史唯物主义关于社会形态的理论解释成处于相同社会形态的具体社会就应当是没有个性的社会。

如何理解马克思关于不发达的社会主义国家可以跨越资本主义卡夫丁峡谷？苏联的解体是否证明不能跨越？中国在三十年的公有制一统天下以后重新发展私营资本，而且比重越来越大，是否也说明不能跨越呢？我以为，在这个问题上，我们对马克思给查苏里奇的信有些误读。马克思说他反对把他关于西欧资本主义起源的历史概述变成关于一般发展道路的历史哲学理论，这是对的。因为资本主义的历史概述属历史，而历史总是国别史。英国资本主义发展的历史，它的原始积累的实际历史过程，是不可复制的。任何民族进入资本主义社会都会有自己的特点。这是指历史的概述，而不是指客观规律。

马克思强调历史发展有特殊性。俄国能否跨越资本主义的卡夫丁峡谷，取决于外部条件，即世界资本主义的发展和俄国是否有可能充分吸收资本主义文明。任何一个国家，如果按照其内部规律发展，资本主义阶段是不可跨越的，关键是进入资本主义阶段的时间迟早问题、进入方式问题。否则，它只能停留在前资本主义阶段，永远处于落后状态。而且所谓跨越资本主义卡夫丁峡谷，是就资本主义作为一个完整的社会形态说的，而不是就资本主义社会的要素和成分说的，更不是就资本主义在自己发展阶段取得的具有积极意义的成果说的。资本主义作为人类社会形态发展的积极成果是不能跨越的。任何一个跨越资本主义社会阶段的社会主义国家，都必须善于利用资本主义的文明成果。这样不可避免地会使自己的社会具有某种程度的资本主义色彩。中国特色社会主义就社会形态来说属于社会主义，是社会主义初级阶段。它跨越的是资本主义社会形态，但不能跨越资本主义。在中国社会主义初级阶段，仍然可以发现资本主义因素，从所有制、分配到思想领域，都是如此。看起来没有一个社会是纯粹的，特别是在它刚刚建立不久的时候。资本主义社会曾很长时期包含封建社会的因素，社会主义同样会包含资本主义的因素。这就是一些人把中国特色社会主义称为中国特色资本主义的原因。这种判断的错误就在于把作为社会形态的资本主义，与作为要素的资本主义完全等同起来。中国是社会主义国家，但中国社会仍然存在资本主义因素，这就是社会主义初级阶段的特点，是中国国情决定的现实。列宁和毛泽东对此都有过明确的论断。我并不否认在现阶段利用资本主义存在风险，但如何把握度，如何使其为我所用，而不是逐渐使资本主义成为社会主导的甚至决定性的因素，这当然需要中国共产党毫不动摇地坚持四项基本原则，坚持马克思主义在意识形态中的根本指导地位。

四、经济是社会发展的最终决定作用而不是唯一作用

历史唯物主义总是被误解为经济决定论，有些人甚至把经济的最终决定作用与社会中诸多因素的作用对立起来。实际上历史唯物主义的确主张经济在社会发展中是起最终决定作用的，但也承认社会中具有影响作用的因素是多元的，而不是单一的经济因素。

历史唯物主义并不简单地把社会的一切现象归因于经济发展水平，而是从生产方式中的矛盾即生产力与生产关系的矛盾运动中分析社会现象，而且在考察生产力与生产关系

历史唯物主义与中国道路

矛盾时，同时考虑到上层建筑诸因素的作用。生产力落后的国家发生革命，必须考虑到上层建筑的作用，特别是政府腐败和高压政策所激起的民怨。所以，在社会发展中从来不是单一的经济因素起作用，而是多因素起作用。但历史唯物主义不是多因素论，因为它在多种因素中抓住了其中起决定作用的因素，即经济因素。这就是恩格斯说的"经济是中轴线"，其他影响因素归根结底是围绕经济这个中轴线发生作用的。人类历史发展中各种因素都会发挥作用，包括伟大人物的心理因素，但对历史发展归根结底最终起决定作用的是经济，是一个社会的物质资料生产方式。然而单一地视经济为决定因素就会导致经济决定论，在承认物质资料生产方式最终起决定作用的基础上，综合全面考察社会各种因素的作用，包括它们的相互作用，才是历史唯物主义。

历史唯物主义根据生产方式演变的上升过程，认为社会发展总的趋势是进步的，而不是认为今不如昔，把人类古代社会视为黄金时代。有的理论家反对历史进步观念，认为历史进步是进化论的观念。在历史发展中有些人总是有怀旧情绪。例如，当代西方不少理论家批判工业文明，向往农业文明。这就涉及我们应该如何看待社会进步的问题。其实，历史进步不是抽象的总体性的概念，而是表示社会形态更替、社会文明形态更替的概念。社会形态更替总体上表示社会历史进步，但并不意味着一切方面都有在超越前人意义上的进步。在哲学思维上我们推崇苏格拉底、柏拉图、亚里士多德，推崇孔孟老庄。历史进步的观念是一个关于社会形态发展的观念，新社会形态在生产力、科学技术、政治制度和社会物质文明方面有进步，但并不是一切都在进步。文化的发展就有特殊性，中国的楚辞、汉赋、唐诗、宋词，都是某个时代特有的，后来无法复制和超越。历史进步观念不是直线的、单一的，而是复杂的、多方面的，进步中可能包含退步。历史进步可以说是在曲折中前进的。

当然，历史进步并不是一个充满玫瑰芳香的字眼，进步是有代价的。在阶级社会中它可能经过流血、破坏。马克思说："历史可以说是所有女神中最残酷的一个，她不仅在战争中，而且在'和平的'经济发展过程中，都驾着凯旋车在堆积如山的尸体上驰骋。"①

历史前进的步伐是跳跃式的，有发展，有震荡，有后退，有大步前进。例如，西方从封建社会进入资本主义社会的时代，生产力和科学技术的发展、人类思想观念的变革都是空前的，可同时，传统价值观念也遭受前所未有的破坏，所谓贵族精神、骑士精神，都为资本主义金钱至上的价值观念所取代。因此，仇视资本主义的浪漫主义思潮兴起，对资本主义精神极端蔑视。浪漫主义者对中世纪的乡村和田

---

① 《马克思恩格斯选集》第4卷，640页，北京，人民出版社，2012。

园风光满怀留恋和回忆。唯物主义历史观当然是反对这种守旧历史观的。但是这不意味着马克思赞同资本主义的一切。他对资本主义异化和金钱至上同样持批评立场。不同的是，马克思期待一个更好更合理的社会，一个有更高的道德观念的社会，有更好的田园风光，有美丽的未被工业污染的乡村，这些只能存在于他所期盼的社会主义社会。

我们处在转型期。改革开放四十余年来的成就是有目共睹的，但不是事事皆如人意。这么大的国家进行前所未有的改革只能是摸着石头过河。不能认为凡是有意见都是怀旧，都是反对改革，应该具体情况具体分析。我们在前进，同时我们在道德和价值观上也付出了很大的代价。这引起了人们的忧虑，这种忧虑是合理的、积极的。历史证明，工业生产下来可以赶上，农业歉收可以有丰年，而思想道德滑坡和价值观念的颠覆是无法很快补上的。而且思想具有传染性，它们可以相互影响。精神文明建设的重要性是无可估量的。不能认为只要经济上去了其他都可以补上。因为思想观念会变成一种社会文化环境，在这种环境下生长的第二代、第三代理所当然地认为这就是常态。党中央早就注意到这个问题，一直强调反腐败，强调加强社会主义核心价值观的教育，强调思想政治教育，实施马克思主义理论建设工程，都说明我们没有在社会进步的乐观情绪中忽视潜在的问题。居安思危和忧患意识，是中国古老的政治智慧。

历史进步的观念不仅是一种科学观念，同时也是一种价值观念，因为进步意味着一种对历史现象的评价。如果历史观中包括价值观，历史学能成为科学吗？有人认为，如果历史要成为科学，必须从历史中排除价值观。这种看法显然是不对的。

历史学家不是历史事件的消极观察者，而是研究者。研究必须对事实做出解释。历史学不可能是无解释的纯事实的叙述，也不可能是无事实根据的单纯解释。只有充分理解才能做出合乎逻辑的解释，也只有合理的合乎逻辑的解释才能表明对事件本质的充分理解。解释必须依据一定的理论前提和思维框架。解释与事实的关系，就是历史学中价值与事实的关系。在历史学中，价值中立是不可能的。所谓客观性不是价值中立，而是科学性，如实地揭示历史真相，可是要如实地揭示真相，必须有立场，即有观察问题的价值观念。

历史研究不可能排除历史价值观。因为历史已经消逝，历史学的复原，即历史的书写，必然要根据史料和记载去构思。这与工匠修复破碎的花瓶或文物不一样，因为花瓶是残存的原物，而历史要靠史学家的重构。因此历史的书写必然有史学家价值观的参与，从材料的选择到解释到评价，都会受到书写者的时代、政治立场、理论水平的制约，也就是所谓史学、史才、史识。因此历史学中不存在价值中立。历史认识的这个特点决定了历史认识论和历史价值论是不可分的。历史认识中包含历史的评价，因此历史认识的可靠性往往会受历史价值观的制约。只叙述而不解释的历史学是没有的。只摆事实而不讲道理的史学不是史学而是史料，可史料的安排也会有编排者的观点。编排者价值观错误，往往就会伪造历史、歪曲历史。而价值观正确就会尊重历史事实，寻求历史事实，尽力尽心追求信史。在社会生活中，没有一个人可以超然世外。人总是同情与自己处境相同的人，憎恨压迫自己同类的人，总是会为自己和所属阶级的成功而喜悦，为他们的不幸而悲伤。历史学家也是如此。称太平天国为"洪匪"、义和团为"拳匪"的人不可能揭示历史的真相。历史学企图非意识形态化是不可能的，我们只要看看中日之间为历史教科书而进行的争论就能明白这一点。

历史价值的评价，重点应该是历史事件和历史人物在社会进步中的作用的评价，即对于国家和民族的发展起推动作用还是阻碍作用。这就不能是单纯道德的评价，而是以历史观为尺度的评价，当然对历史人物的道德人品的评价，也是评价的一个方面。但这是次要的，金无足赤，人无完人。过分苛求道德，历史研究就变成了道德教科书，这不是研究历史的方法。

历史价值观与历史追求的真实之间的矛盾，表现的往往是利益的矛盾，即历史价值观的持有者代表的利益之间的矛盾。这一点可能是自觉的也可能是无意识的。所有人都认为自己是公正的、客观的。特别是那些所谓纯学者更是如此。可是利益往往是看不见的手，在学术领域更是如此，现实的阶级和阶级状况、政治观点不可能不影响史学价值观。真正与科学性相结合的价值观应该受科学理性支配，对历史和人物采取分析的态度。太平天国的成就、失败及其经验可褒可贬，曾国藩的事功、道德、文章同样有可褒可贬之处，但不应调和折中，而是有分析，有态度，把他们放在特定的历史条件下加以评价。马克思对资产阶级革命和资本主义就有过赞扬之词，中国共产党人对太平天国的腐败、内斗和对待中国传统文化的错误态度也有过批评。科学历史价值观和宗派主义的狭隘性并非同义语。这正是马克思主义所追求的。事实与价值的矛盾在社会历史领域当然存在。由于价值观而歪曲事实的历史著作并不少见。在社会历史中如何达到事实与价值的统一，做到既尊重事实、实事求是地叙述事实又合理地解释事实，这是我们应该研究的难题。我们强调历史唯物主义的方法论作用，也就是追求在事实与价值之间达到统一。

在历史价值观中有一个如何看待历史中的阶级斗争的问题。有人提出要以"和为贵"为指导思想重写国共内战的历史，甚至重写阶级社会的历史，这显然是不对的。"和为贵"是中华文化的精髓，但我以为"和为贵"应该是一种价值追求，而不是历史观的全部，不是分析历史和现实的世界观和历史观。没有一个思想家会不分是非，无条件地赞美"和"。连提倡"和为贵"的孔子也说："为和而和，不以礼节之，不可为也。"数十年中国革命，是血与火的斗争。我们即使想"和"，当时中国统治者照样要"剿共剿匪"，我们欲"和"而不能。现在革命胜利了，共产党执政，强调"和"是对的。对外，我们要强调建立和谐世界，反对霸权、反对"冷战"思维；对内要团结全国人民，要建立社会主义和谐社会。和谐是我们的核心价值观念。但我们知道"和"是一种价值追求，而不是历史和现实的既成状态。历史和现实都是通过正确解决矛盾而发展的。由于社会性质不同，解决矛盾的方式也不同。

第二章

历史唯物主义中的史学功能

　　唯物主义历史观是我们观察当代一切问题的立场、观点、方法，也是我们研究历史的基本理论和方法论。在当代，对任何国际和国内问题的分析，如果没有坚持历史唯物主义的观点就很难得出正确结论，对历史问题的研究同样如此。一个人，如果不具备分析现实问题的能力，也很难期待他在历史研究中有重大建树。如果一个学者对眼前发生的现实问题都缺少判断力和分析力，怎么能期待他对几百年、几千年前已经湮没的不可直接接触的历史事件和人物发表中肯的评论和见解呢？不可能。有些人对历史之所以敢于胡说，就是因为他认为历史反正是已经过去的事，死无对证。如果这样对待历史研究，那除了戏说和虚构外，不可能有严肃认真的科学研究。一个不理解现实的人也不可能理解历史。历史观之所以重要，就在于它确立了对待历史的态度。不同历史观不能改变历史既成事实，但它能决定如何书写历史，即把客观历史事实转变为完全不同的历史著作。不同历史观下的历史书写肯定不一样。这就是我们倡导重视历史唯物主义的原因。随着唯物主义历史观被边缘化，历史事件和历史人物的翻案之风盛行，凸显了历史观的混乱。

历史唯物主义不是历史学，它不可能提供任何具体的历史知识，但这并不是说它对历史没有认识价值。任何哲学都不能提供具体知识，但哲学并不因此而失去它的重要作用。沃尔什在《历史哲学导论》中论及自然哲学时说："即使哲学家不能以任何方式增加我们对于自然界知识的总量，或者增加我们对自然过程的理解，他还是科学思维的特点和前提，对于科学观念的确切分析和科学的某一分支与另一分支的关系，可以说出某种有用的东西，他对逻辑技巧的掌握可想而知是会有助于澄清科学工作中的实际困难的。"[1] 这个论断同样适用于历史唯物主义。历史唯物主义既包括对历史过程的本质的认识，即我们通常说的历史本体论问题；

---

① ［英］W.H.沃尔什：《历史哲学导论》，15 页，北京，北京大学出版社，2008。

也包括我们如何认识历史，即历史认识论、历史方法论和历史价值论问题。二者在历史唯物主义中是统一的，不存在西方的思辨历史学与批判历史学对立的问题。

我不可能全面讨论历史理论中的全部问题，仅就其中一个问题，即历史事实、历史现象和历史规律的问题谈点看法。根据历史唯物主义观点，我们可以概括地说，历史事实具有一次性、历史现象具有相似性、历史规律具有重复性。不能正确理解历史事实、历史现象和历史规律各自的特点及其内在关联性，就不能确立正确的史学理论。

一、历史事实的本质及其特点

历史事实的本质是人类的实践活动，它突出地表现为重大历史事件和历史人物。历史事实的最大特点是不可重复性，它构成一个国家和民族的独特的历史。古希腊有伯罗奔尼撒战争，中国没有；中国有赤壁之战，古希腊没有。他们有苏格拉底、柏拉图、亚里士多德，我们没有；我们有孔孟老庄，他们没有，诸如此类。你有的历史事件和人物我没有，我有的你也没有。这就是历史事件和人物的不可重复性。不仅不同国家、不同民族的历史事件和人物不可重复，就是同一国家、同一民族的不同时期也是不可重复的，都是一次性的。中国绝不会有两次相同的赤壁之战，两位毛泽东，两次井冈山起义。时间和空间是历史运动的客观因素。任何历史都是在特定空间和时间发生的事件。无怪苏轼的《念奴娇·赤壁怀古》，开头就是，"大江东去，浪淘尽，千古风流人物"。足见中国古代诗词中的怀古之作感叹相同。时间的一度性和空间的具体性，决定了历史事件和人物的不可重复性。

什么是历史事实？历史有事实吗？有的哲学家和历史学家说，历史事实都是历史学家眼中的事实，是过滤过的经过筛选的所谓事实，而不是客观历史自身的事实。历史自身的事实是无法知道的，知道的都是进入历史学家眼中的事实，这些事实只能说是历史学家的事实。也就是说，历史事实经历史学家书写以后才成为事实。人类历史上有多少人和事湮没无闻，不成为历史事实。如果没有《三国志》的记载，曹操、刘备、孙权以及赤壁之战能成为历史事实吗？历史上的人和事，只有通过历史学家的书写才成为历史事实。因此有人得出结论说历史根本不存在本来面目的问题。正如世界没有本来面目而只能是人眼中的世界一样，历史事实也只能是历史学家眼中的事实。这种说法只强调历史书写的主体性，而忽视了历史事实的客观性。

其实，历史事实以两种不同方式存在：一种是人类历史的全部客观过程。这是尚未被全部发现或被书写的历史事实，是一个有待不断发掘和永远研究的领域。另一种是被书写的历史事实。被书写的历史事实我们可以称之为历史史实。历史史实不能仅仅是某一历史学家眼中的所谓事实，某一学者眼中的所谓史实并不能就认定是历史事实。历史书写中的历史史实不能仅仅是个人的，而必须是具有共识和确切证据的历史事实。这一点，沃尔什也承认。他说："一个历史学家所引证的事实如果确切可信的话，就在任何意义上都不是他个人的所有物，倒不如说是每一个有理智的人如果进行调查的话，都必定要同意的那种东西。法国革命爆发于1789年，并非对于与英国人相对立的法国人才是真实的，或者对于那些拥护法国革命的人才是真实的，而对那些厌恶它的人就不真实了。它只不过是一桩事实而已，无论我们喜欢不喜欢它。"①E.H.卡尔也反对那种完全否认历史事实，片面强调解释决定事实的观点。他说："不能因为从不同角度去看，山会呈现出不同的形状，就推论出山在客观上是没有形状或有许多形状。并不能因为解释在建构历史事实中起着必要的作用，也不能因为现有的解释不是完全客观的，就推论出这一解释同另一解释同样好，就推论出历史事实在原则上没有服从客观解释的义务。"②

---

① ［英］W.H.沃尔什：《历史哲学导论》，176页，北京，北京大学出版社，2008。
② ［英］E.H.卡尔：《历史是什么？》，112页，北京，商务印书馆，2007。这些看法比起克罗齐、柯林武德的观点，应该说更客观一些。

当然，客观的历史事实必须经过历史学家的发掘和整理才能为人所知，但书写的史实应该包含真实的历史事实。我们不可能完全做到这一点，但历史研究应该以此为立足点。历史事实应该具有客观性、共同性，它对所有历史学家都应该是事实。但历史学家的共识只能是其条件之一，而不是历史客观性的唯一标准。如果是存在真伪之辨的历史事实，在确证之前就不能称为历史事实，而只能称为历史书写中假定的所谓"史实"。这种"史实"不见得是历史事实。历史学中伪造、歪曲、无中生有的所谓"史实"并不罕见。我们应该注意分辨历史事实和历史书写中的所谓"史实"。应该追求历史书写中的史实尽量接近、比较真实地反映历史客体，即历史事实。

从历史唯物主义的认识论来看，史实与历史事实应该具有同一性。根本没有历史事实根据的所谓"史实"，是不足信的。这种历史，不可能是信史。但并不是所有历史上发生过的事实都会成为史实。如果某一事实成为史实，它肯定有其重要之处，因为历史学不是有闻必录。例如下雨，是最常见的自然现象，并不都具有历史认识价值。可"雨"在秦末陈胜吴广起义中成为大事。这当然是延误戍期当斩的秦朝苛法，成为陈胜吴广被迫起义的诱因。因而遇雨延期被司马迁写入《陈涉世家》，成为重要的历史事件。如果没有延期当斩的秦朝苛法，"雨"不成为加速陈胜吴广起义的诱因，就不会成为司马迁所记载的史实。杨玉环因白居易的《长恨歌》而著名。可如果不是唐玄宗因安禄山造反奔蜀，使她成为平息马嵬坡六军爆发兵变的牺牲品，也不可能为历史所记载。自古以来有多少后宫佳丽，无名无姓者比比皆是。但是如果马嵬坡兵变、杨玉环被绞杀根本不是历史事实，也不可能成为史实。由于有事实而被记载，由于被记载而彰显事实，因此历史事实并不是单纯因记载而成为史实，而应该确有其事实才成为史学事实。

有人说，历史事实确有其事只能是假说，历史事实如康德的物自体一样永远无法为人所知，人们知道的只能是记载中的史实。这种说法是不对的。被书写的史实不能是某一个人主观认定的，它必须有文献资料根据，有考证学甚至考古学的根据。尽管考古发掘也可能有争论，例如关于河南安阳安丰乡西高穴村曹操高陵墓的真伪就有争论，但只要发掘的实物与历史文献中的记载吻合，就可能是真实的。孔子重视文献作为历史史实根据的价值。他说过："夏礼吾能言之，杞不足征也；殷礼吾能言之，宋不足征也。足，则吾能征之矣。"（《论语·八佾第三》）当然，对某些历史事实的真实性会存在争论，这可以通过举证和其他多种历史研究方法来解决。怀疑、存疑，不能成为把历史事实归为历史"物自体"的哲学根据。如果以怀疑论眼光观察一切，昨天的自然界是否存在也可以怀疑，因为昨天已经过去，昨天的存在状态已无法验证。当然，史学中的历史事实不应该也不可能是客观历史的全部。如果追求事无巨细、完备无遗的真实，历史学永远不能成为科学。因为历史中的一枝一叶、详细的细节是我们无法知道的，也不一定要知道。

对历史学来说，历史的真实性有两个层次：一个是事实的真实性；另一个是规律的真实性。在第一个层次上，我们不可能达到完全的真实，历史事实会不断消失在历史自身的发展进程中。我们不是当事人，我们只能根据史料、文献、文物、档案来重构过去。如果我们追求绝对真实性，就必然会争论不休。在这个层次上，我们要求的是具有重大历史价值的事件和人物的真实性，而不是全部细节的真实性。是不是有"七月七日长生殿，夜半无人私语时"，应该让文学家去想象、去构造，这不是历史学的工作，但"安史之乱"、"玄宗奔蜀"、"马嵬兵变"和杨玉环成为平息兵变的牺牲品，则应该是历史事实。第二个层次的历史真实性是规律的真实性。历史学不是单纯事实的叙述，而应该同时是对事实的解释，是对事实相互间关系的理解。解释不仅仅问"是什么"而要问"为什么"。解释"为什么"就是探索原因，必须进入因果关系领域，必须从事情发展的多种可能性，研究为什么可能性是这样实现，而不是那样实现。必须分析可能与现实、必然性与偶然性及其相互关系，这就进入对历史规律发掘的深层次探索。规律处于在历史事实发展过程和动因的深处，历史学应该在事实真实的基础上做出规律性的解释。历史学并不是单纯研究历史规律的学科，它不是历史哲学，但它离不开历史规律。要使史实的选择、过滤与安排中包含的解释具有合理性和可理解性，就必须包含对历史事件和历史过程的因果性、必然与偶然、根据与条件、可能与现实、历史人物的作用与局限等历史原因和发展的合理解释。许多戏说之类的影视作品之所以不真实，就因为其不仅在重大事实上不真实，在规律这个层次上显然更不真实。皇权至上的封建社会，不可能有康熙、乾隆如此微服私访，亲民、怜民、爱民的帝王。这种构建在影视范围内一定程度上是允许的，但它不是正史，所以绝不能也不应该充当历史知识的传播者。必须使观众明白这是"戏"，而不是"史"，以免产生误解。

历史学本质上不同于文学。尽管历史的书写可以具有高度的文学色彩，特别是中国文史哲高度结合的传统更使史学具有文学特色。但史学不同于文学。史学追求的是历史真实，而文学追求的是艺术真实。历史真实不能虚构，而艺术真实可以想象，艺术的真实是合乎情理，即合情合理的。如果历史艺术化、文学化，就会失去史学的功能与价值，它至多是文学的变种。确实，凡是持这种主张的学者都把历史与文学归为一类，历史不是科学也不可能是科学，它只能是学者对所谓事实的主体描述和艺术创造。史学家创造历史就是最具代表性的说法。其实，历史学中的史实，在多大程度上

历史唯物主义与中国道路

反映客观历史事实，是衡量一本历史著作科学水平的尺度。一部根本违背历史事实的所谓"历史书"，只能称之为对历史的伪造或戏说。可以肯定，对历史真相的追求不容易，但历史最起码应该尊重事实，尽量不歪曲事实。如果历史违背事实，其他一切都免谈。就这一点说，在历史科学中，历史事实与自然科学中的事实同样重要，只是更难把握而已。只有忠实于事实才能忠实于真理。没有事实就没有任何科学，历史要成为科学同样如此。

我们并不否认，历史事件的特点是它发生在已经过去的甚至非常久远的年代。由于时空间隔，被书写的历史不可能把握全部事实。客观历史是无数历史事件构成的，其中包括重要和不重要的、决定性和不具有决定性的事件和人物。历史科学不可能详尽无遗地包括全部历史的客观过程。这不可能，也无必要。如果要求历史书无所不包，那就不是历史书，而是客观历史本身。可历史本身不经过研究、不经过书写是不可能为人所知的。我们所知道的历史都是书写后的历史。历史应该经过书写，但书写的历史应该力求符合历史事实。这是历史科学中的困难之处，也是科学历史观之所以重要的原因。

历史学追求的是被书写的历史事实的客观性，而不是全部历史的客观性。自然科学也不例外。任何一门自然科学都只能有限地把握对象而不能全部囊括对象。天上的星星无穷无尽，真正被天文学家发现并命名的只是无限宇宙中星体的极少的一部分，难道天文学中的星星只是天文学家眼中的星星，而不是客观的星体吗？任何科学包括自然科学都是科学家对事实的过滤、选择，剔除一些、留下一些。为什么？因为科学研究的是问题，是发现问题、提出问题、解决问题，而不是无穷的细节。关键是支撑提出和解决问题的事实是不是真实的，而不在于它是否经过选择和过滤。科学不是举例，必须概括、归纳、提升，这样它必然有所取舍，而不是事无巨细、有文必录。历史学更是如此，它对材料会选择、会过滤，会按照历史学家个人的意图使用这些材料，但材料的使用不能是主观的、随意的。列宁说过："在社会现象领域，没有哪种方法比胡乱抽出一些个别事实和玩弄实例更普遍、更站不住脚的了。挑选任何例子是毫不费劲的，但这没有任何意义，或者有纯粹消极的意义，因为问题完全在于，每一个别情况都有其具体的历史环境。如果从事实的整体上、从它们的联系中去掌握事实，那么，事实不仅是'顽强的东西'，而且是绝对确凿的证据……如果事实是零碎的和随意挑出来的，那么它们就只能是一种儿戏，或者连儿戏也不如。"①

　　实证主义史学家强调让事实说话，这有一定的合理性，但也有片面性。事实不会说话，让事实说话的是史学家。

----

① 《列宁全集》第 28 卷，364 页，北京，人民出版社，1990。

但史学家也不能自说自话，如果没有事实根据，就是胡说。我们不仅要尊重历史事实，而且要善于理解事实，理解事实之间的内在联系。这同样要求科学的历史观。

在历史学中，历史事实和价值判断是彼此结合的，因此有学者认为，史学中没有事实，只有对历史的价值判断。这种说法不对。历史有事实，因为历史的本质是人的目的性的活动。人的活动，无论是经济活动、政治活动或文化活动都是群众性的、真实的、客观的、为人的经验所能观察到的、具有可见性的活动。历史事件或历史人物就是历史活动中的事件和人物。只要承认历史是人的活动，活动就必然有过程有结果。过程和结果，就是历史实实在在的内容和事实。如果作为人类活动成果的历史不是事实，同理，当前人的活动也不会是事实。因为我们现在的活动，就是明天的历史，而我们今天称为历史的东西，就是昨天的现实。一切都是过程，一切都会成为历史。如果历史不可信，那就等于现实也不可信。否定历史的客观性就是否定现实的真实性。

毫无疑问，历史学中的历史事实往往容易与历史的价值判断纠缠在一起。在自然科学的研究中，自然科学家同样有自己的理想追求、有热情、有欲望，甚至功利心。自然科学研究会有既成的理论框架、思维模式、科学认识。在自然科学研究中，科学家的价值观可以成为助跑的动力，但不能进入研究的结论之中。自然科学的结论必须具有可证性，实验具有可重复性，被证明为真理的原理具有公共性，而且可以通过技术转化获得实践的有效性。

历史价值观不同于自然科学的价值观。历史价值观影响对历史资料的选择和安排，并最终影响对历史事件的解释和结论。当客观历史变为历史叙述时，不同的历史学家可以有多种写法、多种观点和多种结论。我们必须强调书写可以多方式、多角度，但其依据的历史事实必须是真实的。如果以历史的书写代替历史的事实，只能重新坠入以历史的叙述取代历史事实的实用主义历史观。

任何历史学的记载或对历史事实的叙述，都会包含某种价值倾向，价值判断中可以有事实，而且事实叙述中也会有价值评价。我们应该学会区分而且可以区分哪些属价值判断，哪些属事实叙述。E.H.卡尔在《历史是什么？》一书中，虽然承认历史事实的客观性，但还是更偏重价值对事实选择作用的过滤性。他批评那种认为"历史学家可以在文献、铭刻等等诸如此类的东西那里获得事实，就像在鱼贩子的案板上获得鱼一样"的观点，强调"相信历史事实的硬核客观独立于历史学家的解释之外的信念是一种可笑的谬论，但也是一种难以根除的谬论"。[①] 历史事实是客观的，是不

---

① ［英］E.H.卡尔：《历史是什么？》，90、93 页，北京，商务印书馆，2007。

以研究者的意志为转移的，而历史事实变为史实当然要经过历史学家的选择。历史学家的价值选择只与自己书写的史实相关，而与历史事实的客观性无关。历史是以往人类活动的既成事实，是任何历史学家无法改变的。能篡改伪造的是被书写的历史，而不是历史事实。不同的价值评价属于历史学，而不属于客观历史本身。历史事实即使一时被遮蔽，也终究会得到揭示。

历史价值评价具有主体性、多元性，但任何具有科学性的评价不能是单纯的一己之见，不能是个人的主观认定，它必须具有事实依据。南京大屠杀是历史事实，有争论的是人数的多少而不是事件的有无和事件的性质。人数多少属于量的规定性，而屠杀属于质的规定性，是对整个南京大屠杀性质正确把握的基础。南京大屠杀是经过"远东国际军事法庭的调查报告"以及"远东国际军事法庭"确认的，大屠杀的元凶、甲级战犯"松井石根被处绞刑，谷寿夫被引渡给中国政府处死"。多少年来，日本军国主义残余势力一直在大造翻案"舆论"，声称"南京大屠杀"是"中国人捏造的谎言"。历史事实并不会因为价值判断不同而不同。日本少数右翼历史学家可以把自己价值观主导下的所谓"史实"编入教科书，但终究不能改变历史事实。

不能因为存在不同评价而认为历史无事实，只是一连串的价值判断。我们之所以能分清戏说和正史就是基于历史有事实。历史与现代的关系是多义的。从历史进程看，即从客观历史发展看，现代是历史的继续和延伸。没有历史就没有现在。现在中国的许多问题，能从中国历史传统中得到某种说明。历史的时间向度是由过去到现在。可从历史学的角度，即从历史书写的角度，却是从现在到过去。因为历史的书写都是后代对前代历史的书写，他们的视角、兴趣、观点，都会受到所处时代的制约。克罗齐说"所谓一切真正的历史都是当代史"，只有在这个意义上才具有某些合理性。因为历史学家总是在自己时代下书写历史，因而历史书写具有时代特征，但这不是指历史事实可以不断改写（除非是发现原有历史史实的错误或发现新的历史材料），而是指对历史事实的评价可以提出具有时代特征的新的看法。历史学家站在当代评述过去，尽管价值评价可以有变化，但必须尊重历史事实，而且对事实的叙述必须有历史意识和历史感，即把历史事件、历史人物，放在特定历史条件下来认识，尽量通过新的评价更真实地表现历史具有的真实情况，而不是以作者的当代意识代替历史事实。我们反对影射史学和史学中的实用主义。如果以当代代替历史，按当代来重构历史，这就叫没有历史意识和历史感。即使像有些学者主张的那样把历史看成历史学家与历史的不断对话，这种对话也应该越来越接近真实，接近真理，而不是与事实渐行渐远。历史唯物主义的科学性与价值性的统一要解决的正是这个矛盾，它把历史事实的真实性和历史评价的可变性合理地结合在一起，力求评价越来越接近现实，而不是无视事实的任意翻案。

当然，很可能存在很多事实不清的悬案，但经过不断地发掘、考证、研究，我们可以逐步实现对事实的一定的把握。历史之谜，正是历史科学要研究的。追求破解历史之谜，就是寻找历史事实。至于发现新事实，纠正前人的失误，不能成为否定历史真实性的根据，而是恰好证明史学应该尊重事实，否则无必要正误。纠正历史记载中的错误，是从反面证明历史应该尊重事实。

中国历史著作有个好的传统，就是在史学著作中事实与评价有适当区分。陈寿《三国志》在重要人物的传记后都写一段"评曰"，表达作者的观点。作者对曹操父子的评论显然不同于拥刘反曹史观的小说《三国演义》。史学不同于文学。史学追求"信"，这是中国史学的一个好传统。《史记》有"太史公曰"，《资治通鉴》有"臣光曰"，都是着重把事实与评论分开的，并不以评论代替事实。古代史书的纪传篇，叙事和议论是分开的。某些编年体史书和郡志也有这种体例。当然，由于中国儒家的伦理特色，受儒家思想主导的历史评价，往往看重人物或事件的道德评价，因而对历史事件和人物的作用和地位的正确认识，往往为道德的瑕疵所掩盖。毫无疑问，道德可以作为评价历史人物行为的一种尺度，但不是主要的更不是唯一的尺度。道德评价往往看重历史事件、人物的道德教训，而不是放在整个历史进程中考察其作用和地位，这种评价有"唯道德论"的局限性。

历史人物的价值评价，特别是杰出人物的评价往往受政治因素的左右。斯大林逝世后，从赫鲁晓夫直到叶利钦，为了标榜自己开辟了不同于斯大林的新时代，都极力贬低斯大林，甚至恶毒谩骂斯大林。相反，斯大林原来的对手反而对斯大林怀着比较客观和公正的态度。丘吉尔可以说是最坚定的反苏反共的领袖型人物，可是他称赞斯大林是"卓越的人物，令我们残酷的时代敬仰，他在其中奉献了自己的一生"。还说，"斯大林是在经受岁月艰难考验时领导俄罗斯的，是位天才，是不屈不挠的统帅斯大林……他接手的是用犁耕地的俄罗斯，留下的是原子武器装备的俄罗斯。不，无论是我们说他什么——历史和人民不会忘记这样的人的"。连被俄罗斯共产党赶下台的临时政府总理克伦斯基都说："斯大林使俄罗斯从灰烬中振兴起来，使它成为一个伟大的强国，粉碎了希特勒，救了俄罗斯和人类。"[1]斯大林似乎已经预料到会发生这种事，他说："我知道，在我死后有人会把一堆垃圾放到我的坟墓上，但历史之风会无情地刮走它的！"[2]

---

① ［俄罗斯］尤·瓦·叶梅利亚诺夫：《斯大林：未经修改的档案——在权力的顶峰》，610 页，南京，译林出版社，2006。
② 同上书，617 页。

在敌人包围下领导第一个社会主义国家进行社会主义建设的领导者，专横甚至专权都是可能的，错误也不会少。对斯大林有不同评价可以理解，但历史人物的评价必须有历史感，即把他放在他所处的历史条件下来进行评价。任何超越历史的评价都是非历史的。

在历史评价中排除事实，只剩下所谓价值判断，是一切历史虚无主义的理论依据。历史虚无主义就是否认历史事实的客观性和共有性，把一切历史的论断转变为价值判断。而价值判断又完全可以是与事实无关的主观认定。在这种历史观下，各种否认历史的虚无主义就可以乘虚而入。我们在中国当代所见到的否定一百多年来中国革命运动、否定中国共产党、否定领袖型人物历史功绩的现象，都以所谓"重写"历史为幌子。所谓"重写"并不是由于发现新的史料，更科学、更实事求是地书写历史，而是以价值重估为号召恣意歪曲历史。这种所谓"重估"，往往做的是翻案文章，具有极强的政治意图和意识形态性质。"金无足赤，人无完人。"任何历史事件和历史人物都会具有不足之处。问题是本质是什么、主流是什么、他们在历史中处于何种地位。如果采用以管窥天的思维方式，攻其一点，不及其余，任何杰出的历史人物和伟大历史事件都会被弄得面目全非。这种历史观只能导致历史虚无主义。

二、历史现象的多样性及其相似性

历史现象不同于历史事件。历史事件不可重复，但历史现象可以具有相似性。尽管历史事件不可脱离它产生的历史条件，但不同历史条件下产生的历史现象可以有相似之处。中国没有亚历山大大帝，但有秦始皇；没有列宁，但有毛泽东；没有波拿巴第三政变，但有袁世凯和张勋之流的复辟闹剧。这说明只要时代需要，不同时代都会有自己的历史人物和事件。这就是历史现象的相似性。

每个民族都有过战争、有过革命，都会有或大或小的思想家，他们不是苏格拉底，不是孔子，也不一定有他们那么大的贡献，但各民族都会有自己的文化和文化代表人物。每个民族的发展都经过原始时期，有过母系社会、父系社会，没有一个社会是一步到位的。人类进入阶级社会都存在阶级斗争，《共产党宣言》一开始，就通过列举从奴隶社会到资本主义社会的阶级斗争表明了阶级社会阶级斗争的相似性。总之，各民族和国家的历史事件是独特的，这样才有多样性，但历史现象会有相似性。历史现象的相似性是普遍存在的。从这个意义上，我们说历史事件具有不可重复性，但历史现象具有相似性。马克思说过："人体解剖对于猴体解剖是一把钥匙。反过来说，低等动物身上表露的高等动物的征兆，只有在高等动物本身已被认识之后才能理解。因此，资产阶级经济为古代经济等等提供了钥匙。"① 资本主义关系的分析之所以有助于我们理解前资本主义社会，就是因为不同社会形态中的现象有某些相似性。

历史现象相似性产生的根据是什么？有人说是由于人性的普遍性。例如，因为人性贪婪，因此贪污腐败为各朝各代各国所共有，根本不可能消灭。其实，在历史唯物主义看来，个人主义、贪污腐败的相似性，根源在于私有财产制度的相似性。不管是哪种私有制度，生产资料和财富的积蓄属于私人这一点是共同的。以各种方式积累财富是私有制社会生产的目的，也是一种生存状态和生活方式。

经济、政治、道德各个领域中存在某些相似性，这并不是人性共同性的表现。用人性的共同性解释社会现象的相似性是不对的。人性不能解释历史的相似性，相反人性要由历史来解释。人性所表现出来的某种共性，恰好要由社会的共性来解释。只要有私有制，就会出现阶级、出现剥削，就会出现贪污腐败；只要有社会，作为社会存在而不是孤立的个体，在政治上就会有社会组织、社会制度，否则社会就不能运转，要运转就会有大大小小的"头头"，有最高"头头"。不管名称是酋长、是法老、是皇帝、是总统，都无所谓，总之有社会就会有组织，有组织就有大大小小的"头头"。

---

① 《马克思恩格斯选集》第 2 卷，23 页，北京，人民出版社，1995。

只要是社会就会有人与人的各种关系，从一般人际关系，到夫妇关系与亲属血缘关系，就会有调节这些关系的伦理和道德规范。诸如此类的相似性，只能从社会本性及其历史发展中得到合理的解释。

对历史现象相似性的认识就比对单一历史事件的认识进了一步。有相似性才可以从相似性中发现规律。从历史现象相似性中发现规律是历史唯物主义的重要方法。马克思强调历史有相似性，但他在强调相似性时，同时反对简单的历史类比，强调历史相似性的原因在不同历史条件下会出现不同的结果。所以马克思在强调资产阶级经济关系与前资本主义经济的某些相似性时，又深刻指出："决不是像那些抹杀一切历史差别、把一切社会形式都看成资产阶级社会形式的经济学家所理解的那样。人们认识了地租，就能理解代役租、什一税等等。但是不应当把它们等同起来。"① 马克思同时强调对这种相似性加以研究、加以比较，并注意它们的差异性，从相似和差异中，就能发现理解这种相似性及其不同结果的钥匙，即发现规律性。如果历史现象根本没有相似性，彼此毫无任何共同之处，规律便无从谈起，发现规律也无从谈起。对社会现象相似性和差异性的分析，是走向发现历史规律的必经之路。因为社会历史规律都是长时段规律，

① 《马克思恩格斯选集》第 2 卷，23 页，北京，人民出版社，1995。

它不是支配个别历史事件，而是存在于历史过程中。

三、历史规律的条件性及其重复性

历史规律又不同于历史现象，它不是相似性，而是历史现象之间的本质联系，是可重复性，而且是不断的重复性。不同民族在母系、父系社会后，随着私有制产生才会产生阶级，才能进入文明社会。而这一切都与生产力的发展、生产工具的改进有密不可分的关系。没有一个社会不生产自己需要的生活资料就可以生存，因此生产成为一个社会存在和发展的基础，这是普遍的、每时每刻都在重复的，这就是规律。为什么历史上有杰出人物，有组织者、领导者，因为任何社会要正常运转，就不能是无政府状态，即没有任何社会组织。社会将来可以没有国家、没有君主、没有总统，但绝不会没有组织者、领导者或管理者，否则，社会就不能存在。至于他们如何产生，决定于不同的历史条件。如果世界上有一个国家或民族，从来没有私有制，没有阶级，没有过战争，也没有剥削，这表明它仍然处在原始社会阶段，没有进入文明社会。规律就是历史现象之间的本质联系或称重复性。

历史规律论与历史决定论有内在联系，因此承认历史规律论，往往导致历史决定论与非决定论之争。有些学者害怕使用历史决定论，似乎承认决定论原则就是目的论、宿命论和机械论。其实，否定决定论的理论和实践的错误导致的唯意志论后果一点也不比承认决定论的错误少。历史唯物主义不是在决定论与非决定论的对立中思维，而是在历史的必然性和偶然性、历史规律的客观性和人的选择性活动中思考决定论问题。因此，历史唯物主义者也是历史决定论者，但历史唯物主义是辩证决定论，因为它把社会作为一个整体，从必然性与偶然性、规律与人的活动的关联中考察历史决定论问题。

有人说，既然是从必然性与偶然性的关联中考察历史决定论，那就不能承认历史决定论。这种说法是不对的。因为历史受众多偶然性的影响，历史发展会显出曲折性、多样性，出现各种具有个性的历史人物与各具特色的历史事件。这是真实的历史。可是，所有偶然性对历史的作用，都不可能超过一定时期的生产方式和经济发展水平对社会总体状态的制约作用。恩格斯形象地把生产方式称为"历史波动的中轴线"。全部偶然因素的作用都以它为中心上下摆动。大量偶然性的存在使必然性的实现更为丰满和多样，因此历史的色彩从来都是丰富的、色彩斑斓的。但这不会改变社会生产方式起最终决定作用的原则。历史周期越长，生产方式最终的决定作用越明显。在历史唯物主义中，决定论的本质是承认在影响社会的多种因素中，有一种因素是起最终决定作用的主导因素，这就是物质资料生产方式。

人与规律的关系是一个长久以来人们争论不休的难题。有些论者说，历史既然是人们自己的活动，是人们自己创造的，就不能强调历史必然性，而应该强调人的自由选择，这样人才不会成为必然性的奴隶，才能真正说历史是人们自己创造的。他们还特别强调，既然历史是人创造的，因而历史研究应该研究人的特别是个人的动机。没有个人动机的历史是不可想象的。毫无疑问，历史人物的心理动机，甚至情感、脾气、性格、精神状况乃至年岁、身体健康状况都能成为影响历史进程的因素。但这些对历史的影响作用是暂时的，而非恒定的、永久作用的。这些因素可以延缓或加速历史进程，但不能根本改变历史的方向。如果发生了历史方向的改变，那肯定是有一个更大的力量在起作用。无论是赫鲁晓夫、戈尔巴乔夫或叶利钦的个人性格或其他专属个人因素，都不是苏联解体和资本主义复辟的决定性原因。

历史人物的内心动机，是很难捉摸的。对历史人物来说最现实也最重要的是他们的行为，而支配行为的是动机。没有无缘无故的动机，也没有不表现为行为的动机。研究心理动机，就必须研究产生动机的原因及其在行为中的表现。因此对伟大历史人物进行心理研究，与其说是研究他们的主观心理动机，不如说是研究推动他们行动的动因。恩格斯曾经专门谈过如何研究历史人物的动机问题。他说："如果要去探究那些隐藏在——自觉地或不自觉地，而且往往是不自觉地——历史人物的动机背后并且构成历史的真正的最后动力的动力，那么问题涉及的，与其说是个别人物、即使是非常杰出的人物的动机，不如说是使广大群众、使整个整个的民族，并且在每一民族中间又是使整个整个阶级行动起来的动机。"并且他指出，研究这些动机"是能够引导我们去探索那些在整个历史中以及个别时期和个别国家的历史中起支配作用的规律的唯一途径"①。所谓整个阶级的动机即群众性的动机，实际上就是社会思潮。社会思潮往往比个别历史人物的所谓内心心理动机重要得多。社会思潮往往是推动整个阶级而不是个人行动的动机，而社会思潮的产生肯定有其原因，因而对一个时期社会思潮的研究，就有可能探索到当时历史人物的动机，因为杰出人物的动机往往以浓缩的、鲜明的、突出的形式反映社会思潮。对处于变革时期的社会思潮的原因分析，就能引导我们发现历史的规律。如果只停留在历史人物个人的纯主观动机特别是所谓内心心理，是不可能真正解释历史的。列宁曾批判过旧历史理论的两个缺点，其中一个就是"以往的历史理论至多只是考察了人们历史活动的思想动机，而没有研究产生这些动机的原因，没有探索社会关系体系发展的客观规律性，

---

① 《马克思恩格斯选集》第 4 卷，249 页，北京，人民出版社，1995。

没有把物质生产的发展程度看作这些关系的根源"①。心理史学是研究历史的一个角度，但如果把历史学变为心理学，就无法走出唯心主义历史观动机论的困境。

"历史是人创造的"与历史的规律性如何能不相悖呢？我们是否只能选择其中之一，要么承认规律，否认历史是人的自我创造，要么承认人的自我创造，否认历史的规律？其实，这种所谓悖论是学者思维方式自身的矛盾，而不是历史自身的矛盾。客观历史就是这样的，"人既创造历史，成为历史的剧作者，又是演员，成为历史舞台中的角色"。

人怎么可能既是剧作者又是演员呢？这可以从两个不同层面来理解。第一，从代际关系说，历史是一个过程。历史是人创造的，人是剧作者，可是任何一代人都不是在自己选择的条件下进行活动的，而是在先辈留下的生产力和文化传统条件下进行活动的。也就是说，人的自主创造活动的结果成为下一代人的活动的出发点。这种条件对于后代来说是既成的、给予的，具有某种制约作用。这是每个时代的传统与当代问题。从这个意义上说，人在总体上既是剧作者又是演员。马克思在《路易·波拿巴的雾月十八日》中对拿破仑三世作为政变角色以及对传统作用的分析就贯穿了这个原则。第二，从时代说，我们可以把历史看成一个大舞台。

①　《列宁选集》第 2 卷，425 页，北京，人民出版社，1995。

人都是自己时代历史活动的参与者，都是能动的剧作者，可是由众多合力形成的条件和规律，又成为任何个人活动的限制，人成为不能超越自己社会关系决定的演员。这说明，从一个时代来说，人既是剧作者又是演员。

当然，剧作者和演员具有形象的比喻意义。人在社会领域中并不是不能更改台词、变换角色的演员。每代人受制于传统又以自己的活动改变传统并创造新的传统；每个人既受制于合力又以自己的活动参与形成新的合力。这就是主体的选择性活动。人面对历史传统和社会条件，可以在多种可能性中进行选择。例如，19世纪下半叶的中国逐渐形成三种可能性：一是仿效日本明治维新走西方资本主义道路；二是走清王朝为挽狂澜于既倒而口头许诺的君主立宪道路；三是走苏联十月革命的道路。前两种可能性行不通。尽管有些人主张全盘西化，但中国从未真正西化过，因为西方资本主义阻止中国发展自己的资本主义，而中国又没有比较强大的民族资产阶级承担起在中国发展资本主义的任务。第二条路也走不通，因为清政府不可能真正推行君主立宪。它要维护的是清王朝的专制体制，仍然维护中国社会的封建社会本质，因此维新运动被镇压，洋务运动也成效甚微；结果只有第三条路。第三条路不是无主体的历史必然性的自我实现，而是经过中国共产党人几十年浴血奋斗，牺牲了无数先烈才实现的。历史提供的永远是可能性，必然性的实现总是要通过由可能性变为现实的过程。可能性是历史条件决定的，而可能性的实现和以何种方式向现实转化，决定于人的能动性的发挥和正确的抉择。

人的创造性与历史规律性是不是绝对对立的？有人认为，既然人是历史的创造者，一切决定于人，历史发展就不可能也不应该有规律。这种说法是不对的。人的活动与历史规律并不是直接的创造与被创造关系。规律的载体不是人的实践活动，而是在实践中形成的不以人的意志为转移的社会关系。社会规律是社会运行的规律，社会关系在人的实践活动中一旦被创造出来，就具有不依赖于任何个人的特性。私有财产制度当然是人创造的，它不是自然界原来就有的，可私有财产制度一旦产生并成为社会的经济基础，它就会按照私有制度特有的规律运行。只要有私有财产制度，就不可能阻止与它相关的阶级存在，阻止维护私有制度的国家存在，阻止贫富对立，阻止两极分化。再如，纸币是造币厂印出来的，可只要投放市场，它就受货币流动规律支配，当纸币发行超过需求，就会产生通货膨胀。大量发行纸币又想维持物价稳定，两者得兼是不可能的。机关枪大炮也阻止不了社会规律起作用。社会历史规律同样是不以人的意志为转移的，意志支配的是人的活动，而人类活动的创造物一旦产生出来就按它自身的规律运行。人的活动是创造性的，可这种创造物运行的规律并不取决于创造者，而是取决于被创造物自身的本性及其相互关系。这就是为什么人创造了制度，又会被自己创造的制度奴役的秘密所在。

历史事件、历史现象、历史规律三者紧密相连。没有历史事件，就没有历史事件的相似性，没有历史事件的相似性，就没有规律的重复性。重复性存在于相似性中，相似性存在于单个不可重复的事件中。历史事件和历史人物的产生都具有某种偶然性；而历史相似性表明，这种偶然性中存在某种必然性，否则就不会有历史的相似性。正是从历史相似性中，马克思发现了历史规律，发现历史的重复性。马克思在《给〈祖国纪事〉杂志编辑部的信》中对相似性与规律性的关系作过深刻论述。他说："极为相似的事变发生在不同的历史环境中就引起了完全不同的结果。如果把这些演变中的每一个都分别加以研究，然后再把它们加以比较，我们就会很容易地找到理解这种现象的钥匙。"[①] 历史事件即历史事实是最根本的；相似性是它们之间的共同点，而规律是从共同点分析中发现的。一个个孤立的历史事实不可能被理解，它只有通过相似性才能被理解；而相似性和差异性产生的原因，则要通过规律才能得到合理的解释。

历史唯物主义关于历史事实的客观性、历史现象的相似性和历史规律的重复性观点，能为我们在当代思辨历史哲

---

① 《马克思恩格斯选集》第 3 卷，342 页，北京，人民出版社，1995。

学和批判历史哲学的对立中，确立一个正确对待历史研究的科学视角。史学功能不应成为历史唯物主义理论工作者遗忘的角落。我们既要重视现实，也要重视历史。

第三章

历史主体与社会更替

一、劳动者的主体地位与社会地位的矛盾

　　劳动伟大与劳动者地位卑微,在资本主义社会,这种矛盾十分尖锐突出。与前资本主义不同的是,它不再表现为个体劳动者的贫困,而是表现为资本主义私有制下雇佣劳动者的贫困。资产阶级学者不再用"命该如此"来解释这一现象,而是用"理该如此"来解释。他们说,有产者按资本收入正如劳动者靠劳动收入一样,是公平合理的。萨伊的价值构成理论认为,利润是资本的收入、地租是土地的收入、工资是劳动的收入,就是"理该如此"的经济学论证。否则,社会就将是一潭死水,没有前进的动力。这个"理"当然是有产者的"理"。确实,在资本主义生产方式中只能采

取这种分配方式，它有利于资本主义制度下生产力的发展。但资本主义剥削方式的历史必然性和合理性，不能成为雇佣劳动剥削制度永恒性的根据，更不能成为劳动者必须"安贫"的根据。"该"如此，不能是永远"该如此"。马克思承认资本主义制度的历史合理性，但批评把资本主义制度永恒化的理论家是"蠢材"，"不懂得资产阶级制度的伟大和暂时存在的必然性"。列宁则直接将把资本主义制度的合理性永恒化的经济学家斥为"资本家有学问的奴仆"。

当然，资本主义社会产生了专业的脑力劳动者，他们也属于劳动者的行列。与前资本主义社会不同的是，在封建社会所谓"劳心者"地位是变化的，他们往往属于统治阶级队伍，但这也经历了一个过程。战国时代的"士"，最有水平的是负责游说的人，类似智库，不过不是群体而是个人。用，则有地位；不用，则无地位。在汉代士的地位也不高。司马迁在《报任少安书》中说："仆之先非有剖符、丹书之功。文、星、史、历近乎卜祝之间，固主上所戏弄，流俗之所轻也。""学而优则仕"是隋唐科举制产生以后读书人的出路，此后他们往往通过科举成为官僚后备军。

资本主义社会的专业脑力劳动者多属于雇佣劳动队伍。马克思在《共产党宣言》中说："资产阶级抹去了一切向来受人尊崇和令人敬畏的职业的神圣光环。它把医生、律师、教士、诗人和学者变成了它出钱招雇的雇佣劳动者。"①体力劳动者和脑力劳动者的地位和收入不同。脑力劳动者地位高于体力劳动者,但脑力劳动本质上也是雇佣劳动,是谋生的劳动。当代白领的生存状态和困境,即是劳动异化的一种表现。

只有马克思对于异化劳动的分析,对于资本主义制度下劳动与劳动者之间矛盾产生的必然性、条件及其历史意义的分析,最有说服力。劳动是人的类本质,而劳动的异化则是历史的一个片断。

人与动物最根本的区别在于人的劳动,其他的一切区别都是从这里产生的。人是所有动物中,唯一依靠自己的劳动维持生存的动物。但进入所谓"文明社会"后,人类长期处于"劳心者治人,劳力者治于人"的状况。劳动者的卑微地位,遮蔽了劳动的创造性作用和劳动者的历史主体地位。这是历史观长期为唯心主义观点所占据的重要原因。西方有些学者批评马克思推崇劳动是单纯生产观点,这种说法是错误的。劳动在人类自身发展中的作用,不会因为劳动者地位卑微而改变,也不会因为推崇劳动而成为各种不合理的劳动制度的辩护词。看不到这一点,就不会懂得什么是历史唯物主义。劳动对人类是最最重要的。只有劳动才改变了人与自

---

① 《马克思恩格斯选集》第 1 卷,275 页,北京,人民出版社,1995。

然的关系，使本能的人脱离动物成为人，才逐渐产生意识和彼此交流的语言。也正因为劳动才产生社会。从此，人的发展，不是依靠自身器官的进化，而是人类从事劳动的生产工具的进步。这种进步是无止境的。人的生理变化是有限的，而劳动工具的改进和生产力的发展是无限的。建立于劳动工具改进和生产力发展的人类社会，其发展是不断加速的。不从劳动着手，就无法发现人类在劳动中形成的社会结构和它的运动规律。马克思从劳动中找到了揭开社会历史之谜的钥匙。

在所谓的文明社会，劳动对劳动者来说的确是一种折磨。这表明劳动并不是抽象的，它与生产关系密不可分。有奴隶劳动，有农奴劳动，有雇佣工人的劳动。而且在阶级社会中，劳役，往往成为统治者对被统治者违反法律的一种额外惩罚。劳役失去了劳动应有的尊敬，成为一种灾难，成为对人性的一种摧残。资本主义制度下的劳动不是惩罚，而是自愿的"被劳动"。它是职业，是谋生手段，是一家人生存之所系。但工人从这种劳动中得不到喜悦和自我创造本性的发挥。他们既厌恶这种劳动又害怕失去这种劳动。失去劳动就无法生存。马克思对异化劳动曾有过尖锐的抨击。他说工人"劳动不是自愿的劳动，而是被迫的强制劳动。因此，这种劳动不是满足一种需要，而只是满足劳动以外的那些需要的一种手段。劳动的异己性完全表现在：只要肉体的强制或其他强制一停止，人们会像逃避瘟疫那样逃避劳动。处在的劳动，人在其中使自己外化的劳动，是一种自我牺牲、自我折磨的劳动"[①]。这就是资本主义社会中一种极不合理的劳动状态。

在雇佣制度下，劳动这种最具创造性的活动，成为最令人憎恶的活动。马克思倡导"解放劳动"，这不是说不要劳动，而是使劳动真正成为人的自由自觉的活动，成为一种享受，成为人的自我创造和成长。"解放劳动"的真正含义就是解放劳动者，使劳动者真正成为社会的主人，成为最受尊敬的人。这是马克思和恩格斯毕生为之奋斗的理想。重新恢复劳动和劳动者尊严的理想，就是共产主义理想。可历史往往充满吊诡之处。异化劳动的可憎之处在于"异化"，而不在于"劳动"。我们参观金字塔，游览长城，徜徉在颐和园、故宫，我们看到如今世界大城市中那些高耸入云的摩天大楼，看到种种新奇的建筑物，看到的是令人叹为观止的壮丽、巍峨和雄伟，我们看不到奴隶的泪水和骸骨，看不到当代建筑工人的血汗。历史就是这样。当人类劳动以文明成果的形式留给后世时，子孙们享受成果，而不是咀嚼成果中凝结的血泪。劳动虽然是异化的，但它的成果却无比辉煌。劳动者以自己的苦难，为人类留下了美，留下了文明的果

---

① 《马克思恩格斯全集》第3卷，270～271页，北京，人民出版社，2002。

实。他们无名无姓，可他们的业绩永远镌刻在人类文明史上。这就是历史，是人类的文明史。这是劳动者的伟大之处，也是历史唯物主义把历史视为劳动人民的历史的根本原因。想想看，如果没有世世代代劳动者的劳动，我们现在看到的世界无非是未曾耕耘杂草覆地的荒原。

我们国家正处在社会主义初级阶段。我们确立的是以公有制为主体的多种经济成分共同发展的经济结构。在中国仍然存在相当比重和各种形式的私有制，存在雇佣劳动制度，存在比较严重的贫富失衡现象。我们党倡导以人民为中心，人民群众是发展的主体，也是发展的最大受益者。但是劳动与劳动者地位不相称的情况依然很严重，这是个值得我们重视的社会现象。随着改革开放的深化，我们党正在采取有效政策逐步改变这种情况，恢复劳动和劳动者在社会主义社会应有的地位。应该说，劳动受尊重的程度，劳动者的政治权利、文化权利和对经济发展成果的共享程度，是社会主义社会本质的一个重要标志。当然，要真正使劳动成为具有创造性的、人们热爱的自觉活动，而不是单纯的谋生手段，我们还有很长一段路要走。可喜的是我们迈开了脚步，正在朝这个方向前进。这是引导我们前进的旗帜。

二、人民群众的决定作用与社会的更替

人民群众是历史的决定力量，很多人不相信这条原理，因为在实际生活中，我们看到的是政治舞台前台的力量，是统治者的力量，是英雄人物的力量，而群众则是渺小的，是任人宰割的、役使的、跑龙套的。可是，如果我们不仅仅停留在历史的表层而深入历史的内核，则会观察到历史的另一面。

在封建社会中，天无二日，皇帝就是一个人，所以皇帝自称寡人、孤家。满朝大臣比皇帝人数多得多，可是仍然俯首听命于皇帝，皇帝具有生杀予夺的权力；为什么多数人怕一个人？从全国来说，老百姓比官员多得多，比如一个县，老百姓比县长多，可老百姓还是要听命于官，尊称其为"县太爷"。当然，全国都得听命于皇帝。这是因为他有才能吗？不是。"贤人而屈于不肖者，则权轻位卑也；不肖而能于贤者，则权重位尊也。尧为匹夫，不能治三人，而桀为天子，能乱天下。吾以此知势位之足恃，而贤智之不足慕也。"韩非子是法家，讲的是法家的道理，此言有理，但韩非子并不知道是什么在支撑统治者的权力。

在封建社会，才能中等甚至像晋惠帝那样"何不食肉糜"的白痴皇帝也不少见，但只要其在位，仍然是位尊权重，一言九鼎，金口玉言。为什么？因为他掌握权力。什么是

权力？就是他掌握军队、警察、监狱等可以使用的镇压工具。皇帝一人统治天下，依靠的不是个人才能，而是权力。如果没有国家机器，没有文武百官，没有军队，皇帝也不过是一介凡夫，即使本领再大也是虎落平原、龙困浅水，什么也不是。当然，另一方面是思想传统的力量。这就是人们认为这种一人统治全国，少数统治多数是正常的，理该如此。这就叫作正统观念。改朝换代时，人们不习惯，要当忠臣，不当贰臣，忠于一家一姓。这种正统观念，是长期封建社会制度化统治的结果，而不是原因。最根本的还是权力的统治。在长期权力统治下形成的"理应如此"观念，就是正统观念。观念是权力的思想辅助器。

权力是如何维持的？靠税收。大小官员要薪金，或称俸禄；兵要粮饷，总之维持这个权力需要钱。钱从哪里来？来自老百姓。是人民进行生产才能创造物质财富，才能有税收，才能有官俸有军饷。物质生产才是社会存在和运转的基础，才是任何政治权力得以运转的基础。而老百姓或者说群众才是物质资料的生产者。一切权力的掌握者和运用者都不是生产者，而是统治者。可如果劳动者不劳动，这个社会就不复存在。这就是为什么封建社会比较开明的政治家倡导民本主义，教导储君"水可载舟，亦可覆舟"，这并不是出于道德、出于爱民的考虑，而是出于对老百姓是生产者和兵源这个简单的经济事实和政治事实的确认。

封建社会，如果农民不耕田纳粮，不当兵，皇帝还能当下去？官，还能做下去？不能。所以归根结底，皇帝的权力、官员的权力是老百姓用赋税支撑的。如果老百姓起来造反，不纳粮不当兵，这个朝代就走到末日了。这就是封建社会的农民革命。社会最后的决定权在群众，只是群众平日无声无息，默默以生产支撑社会，仿佛牛马，而一旦走投无路，生活不下去，起来造反，就会成为王朝兴亡的决定力量。这个时候仿佛一切都倒转过来了，不是老百姓怕官，而是官怕老百姓，不是老百姓怕皇帝而是皇帝怕造反的老百姓。这时才显示出群众是最终决定历史的力量。历史证明，人民群众始终是历史决定力量的最后"发言人"。

资本主义社会比封建社会进步之处在于，它不是皇权至上，而是民权至上，即实行民主制。可资本主义民主制，本质上是精英政治或称精英权力，仍然是少数人的统治。它同样需要官员，这些所谓被选举出来的官员，仍然是由最高权力中枢控制的；军队、警察、监狱不属于某一党派而属于国家，可资本主义国家就是资本家的大管家，是资本主义制度的维护者。军队、警察、监狱维护资本主义私有财产制度和国家制度。而维护费仍然需要靠税收，没有税收就会出现财政赤字，政府停摆。税收似乎是富有者的负担，税收的本质就是剩余价值的分割，它是由生产者生产的剩余产品转化而来的。在资本主义社会，同样没有劳动者（包括体力劳动者和脑力劳动者，或者说白领和蓝领，工人和技术人员）就没有税收的源泉。当然在经济全球化时代，跨国资本可以依靠国际贸易赚取全世界的财富，但归根结底这也是生产者生产出来的，不过是由穷国转到富国而已。物质资料生产是资本主义社会得以存在和运转的基础这一原则没有变，只是方式不同。

资本主义社会要存在就必须倡导民主，因为普通劳动者是资本主义社会存在下去的支撑。资本主义政治统治方式或者政治制度的进步并不是道德的进步，而是生产方式变化的必然结果。在资本主义生产方式基础上建立的必然是资本主义的政治制度，不可能设想在资本主义生产方式上建立封建皇权制度。即使资本主义社会有国王、有公主、有王子，但已经是资本主义化的国王、公主、王子。他们要按资本主义制度的规则生存。他们不具有封建社会的政治权力，而是稳定社会和民心的传统和道德力量，是国家和民族的象征，是由资产阶级供养的"社会稳定器"。

社会主义社会既不同于封建社会的皇权至上，也不同于资本主义社会的民主制度，但同样存在如何对待人民的问题。社会主义需要民主，这种民主在中国特色社会主义理论的制度中集中表现为"以人民为中心"。在中国"以人民为中心"既是一种关于发展的观念，又是一种制度安排，它突出了人民在社会主义制度下的地位。就他们是社会主义社会存在和运转的基础而言，这一点同以往社会一样。劳动者的生产是社会主义国家财政和赋税收入的来源。不发展生产，社会主义就不能生存和发展，而生产总是由生产者来进行的，普通的工人、农民、知识分子的劳动是社会主义存在和发展的基础。但有一点根本不同于以往封建社会和现在的资本主义社会，那就是虽然劳动者仍然是生产者，为国家提供财政和税收，但同时他们又是国家社会的主人。在封建社会、资本主义社会、社会主义社会老百姓的地位不同，他们在封建社会是平民，在资本主义社会是公民，而在社会主义社会则既是平民、公民，又是主人。如果在社会主义社会，群众只是封建社会当兵纳粮的平民，只是资本主义社会参与政治活动、有投票权的公民，而不是国家的主人，这就不是社会主义社会的"以人民为中心"。这只能是政治解放，而不是朝人类解放的方向前进。投票权重要，但被选出的人为谁服务、代表谁的利益更重要。如果选票仅仅为政客"抬轿"，那么政客抬进政府后，轿夫依然处于卑微地位，是永远的抬轿者。迷恋于这种选票民主的人，只配当轿夫。

在任何社会形态中，群众都是物质生产者，是社会得以存在和运转的基础，而在矛盾无法解决的政治变革时期，又是变革社会的主力军。群众在日常生活中平静、驯服，默默以劳动产品支撑社会，而一旦揭竿而起，就如山洪，如泥石流，如海啸，没有任何力量可以阻挡。这就是为什么历史唯物主义把人民群众视为社会发展的决定力量，而把与人民群众站在一边的组织者和发动者，视为英雄人物、伟大人物。英雄人物、伟大人物的力量正在于他们组织的人民群众的力量，被组织、被发动的人越多，英雄人物越是伟大。否则，个人力量不管如何强大仍然避免不了"霸王别姬"的命运。

三、政权更迭与历史经验的总结

杜牧在《阿房宫赋》中总结秦王朝经验时说："秦人不暇自哀而后人哀之；后人哀之而不鉴之，亦使后人而复哀后人也。"这是历史理论中的一个重大问题。人究竟能否从历史中吸取经验教训？中国传统重视历史经验，倡导以史为鉴，中国惯例都是胜利者为前朝修史，目的也是论前朝之得失，以便借鉴。西方人也说，读史使人明智。可黑格尔不相信，他在《历史哲学讲演录》中说："经验和历史告诉我们的是这样：各个民族及政府从来都没有从历史中学到什么，也从来没有按照历史中所能吸取的那些经验行动。"

中国人重视历史的传统，重视历史的教训。唐代史学家吴兢撰写的《贞观记》是一部传世之作，是有关唐代贞观年间李世民与名臣魏徵等人关于如何治理国家的经验总结，包括君臣关系、君民关系以及轻徭薄赋、劝农课桑、廉洁奉公、任贤纳谏等一系列治国方略，其中有许多至理名言，如"理天下者，以人为本"、"凡事皆须务本，国以人为本"、"竭泽而渔，非不得鱼，明年无鱼；焚林而畋，非不得兽，明年无兽"、"君本舟也；人水也。水能载舟，亦能覆舟"、"鱼失水则死，水失鱼犹为水也"，等等，都足以传世。尽管封建皇帝都在研究历史、总结历史的经验，但都无法避免历史的更替。因为历史有自身发展规律。从每个王朝创立之初的生机勃勃、勤政爱民到逐渐积重难返、矛盾激化，载舟之水变为覆舟之水，最后旧王朝覆灭、新王朝诞生。历史的进步就是这样在不断存亡兴废中，以新王朝的雄壮序幕开始，以末代皇帝的悲剧结束。

每个王朝的创业者都以长治久安、万世一系为目的总结历史经验。李世民与魏徵的一段对话就说明了这一点。"贞观六年，太宗谓侍臣曰：看古之帝王，有兴有衰，犹朝之有暮，皆为蔽其耳目，不知时政得失。忠正者不言，邪谄者日进，既不见过，所以至于灭亡。朕既在九重，不能改善见天下事，故布之卿等，以为朕之耳目。"魏徵回答说："自古失国之主，皆为居安危，处理忘乱，所以不能长久。今陛下富有四海，内外诸清晏。能留心治道，常临深履薄，国家历数，自然灵长。"李世民的求治心切，魏徵的回答也很有理。唐王朝为中国历史增光添彩，贞观之治尤为唐之盛世，但"国家历数，自然灵长"之说，不可能实现。安史之乱后唐王朝日渐衰落，至907年后梁太祖朱温篡位灭亡，一个轰轰烈烈的唐王朝也只延续了 289 年。

这并不是说，黑格尔"从来都没有从历史经验中学到什么"的说法是完全正确的。只能说，当总结历史经验的目的与历史规律相违背时，经验就是无用的。历代帝王总结经验都是为了万世一系、子孙永继，这是任何人都无法实现的。即使英明如李世民，贤相如魏徵，也不可能达到。例如，"水可载舟，亦可覆舟"之理，历代皇帝都知道，"民为邦本，本固邦宁"之理也都知道，李世民说得非常恳切："为君之道，必须先存百姓。若损百姓以奉其身，犹割股以啖腹，腹饱而身毙。"可是，封建社会发展规律只能"割股以啖腹"，因为随着王朝腐败，赋税日重是规律性的现象："任是深山更深处，也应无计避征徭。"

一位所谓"明君"往往是注重历史经验的统治者，他可以从历史中吸取经验，实行所谓善治、善政，振兴王朝，而一个"昏君"实行的政策，则可以加速统治灭亡。但是任何经验都不能与历史规律相悖。《贞观政要》中的种种至理名言，都难以挽救历代王朝的灭亡，因为他们总结经验的出发点不是为了造福老百姓，而是为了使百姓成为载舟之水，可统治者的本性又使他必须依靠加强赋税积累财富，维持统治者的奢侈生活、全部官僚机构和军队的费用。他们的"以人为本"或"以民为本"不可能是真实彻底的，而是为了巩固统治的一种治国方略，并非真心爱护老百姓，就像魏徵说的，"竭泽而渔，非不得鱼，明年无鱼；焚林而畋，非不得兽，明年无兽"。这就是为什么历代统治者并不能真正从历史中吸取经验，因为支配历史发展的是社会基本矛盾规律。不管是《资治通鉴》还是什么别的史书，都无法从根本上解决封建王朝的长治久安问题。

王朝兴亡是规律。与人民为敌，终究会灭亡。蒋介石是一个突出的例子，在与共产党斗争中，他非常重视王阳明和曾国藩，王、曾既是理学家又是平定农民革命的统帅，他们有攻心的策略，又有平定农民起义的作战经验。可是不论蒋介石如何重视王阳明与曾国藩，既搞军事围剿又搞文化围剿，还搞什么"新生活运动"，终究没有挽救自己的灭亡。王阳明和曾国藩对付的是农民，假借孔孟之道；而蒋对付的是由共产党领导的农民，对付的是马克思主义。王阳明和曾国藩救不了蒋介石政权，"新生活运动"也无济于国民党的长远统治。

中国共产党非常重视历史。毛泽东说过，"历史的经验值得注意"。毛泽东对郭沫若写于抗日战争后期的《甲申三百年祭》，非常重视，不仅批示《解放日报》全文转载，还印发全党作为学习文件。李自成进北京后迅速腐化，不只是身居高位的牛金星，而且大小官员弹冠相庆，搜刮钱财。李自成革命的主力同样是农民，李自成革命可以说是农民革命。作为农民革命领袖的李自成进入北京，取得政权，结果最终落得退出北京、兵败身亡的下场，足以为训。毛泽东之所以重视这个经验，因为中国革命同样面临农民进城的问题。他在党的七届二中全会上即向全党敲响警钟；在进入北京途中，一直提出不要学李自成。这就是吸取历史经验。

在全国革命胜利后，反腐败问题成为毛泽东关注的一个重大问题。至今腐败仍然是威胁中国共产党的心腹之患。党中央自改革开放以来，一直提出要注意反腐倡廉问题，党的十八大以来，我们党以零容忍的态度重拳反腐，坚持"老虎苍蝇一起打"，使不敢腐的震慑作用充分发挥，不能腐、不想腐的效应初步显现，反腐败斗争压倒性态势正在形成。这也是吸取历史的经验。邓小平从苏联解体中吸取经验，提出发展生产力、解放生产力，提出社会主义的改革开放问题。胡锦涛从世界工业化历史中吸取经验，从当代生态恶化问题出发，提出可持续发展问题。党的十八届五中全会坚持以人民为中心的发展思想，鲜明提出了创新、协调、绿色、开放、共享的发展理念。这都是从历史中吸取的经验教训。这是有效的，因为中国共产党是代表人民，而不是代表一小部分统治者为巩固自己的统治而吸取经验。因此，在中国共产党的政策中，历史规律、历史经验、人民利益这三者是一致的。历史和历史经验对我们是有用的。这说明吸取历史经验有个立场问题，有个"为"什么人的问题。

凡是逆历史潮流而动的人，不可能从历史中真正吸取教训，因为他们总以为自己的统治与前人不同；可时代在进步，历史在前进，天下之公器，不可能永远为一小撮统治者所独霸。凡是为了人民，真正代表人民利益的领袖，就可以从历史的教训中吸取经验，因为这顺应了历史潮流，代表最大多数人民的利益。历史潮流是历史规律的外在表现。"顺之者昌，逆之者亡。"

统治者巩固统治的政治经验仅是历史的极小一部分，对人类的认识来说，人类在认识世界和改造世界中积累了很多的经验，包括科学的发展、技术的发展、文化的发展，等等，都是人类经验的积累，是前人的足迹，我们可以从中得到教益。历史既是人类文化的大水库，又是不断输送人类历史经验的河道。它是积累的又是流动的。中国共产党重视中国几千年来的历史经验和文化成就，重视中国近代史特别是鸦片战争以后中国沦为半殖民地半封建社会的民族史，重视中国革命战争史和中国共产党自身的历史。中国共产党一以贯之地提倡全党要重视学习历史，注意历史的经验和教训。与历代统治者为巩固自己的统治而求助于历史经验不同，中国共产党人可以最大限度地从历史的经验和教训中得到教益。

黑格尔所说"人类没有从历史中学到什么"，只对那些企图从历史经验中学到永远保持自己特权和统治的人来说是正确的。正如侵略者一样，有多少侵略者能从历史经验中吸取"多行不义必自毙"的教训？历史经验证明，没有一个民族可以长期统治别的民族，没有一个侵略者最终不会失败。可是凡侵略者都不相信这条经验，总认为自己是例外。要侵略者从历史上侵略者的下场中吸取经验、停止侵略是不可能的。这同样是一条经验。

第四章

马克思主义在社会主义意识形态中的
指导地位

在社会生活中，意识形态具有最广泛的影响力和行动
支配力。马克思主义的指导地位，并不限于纯意识形态领域，
而是包括经济、政治、文化诸多方面的指导作用。我们之所
以强调马克思主义意识形态的指导作用，是因为只有坚持意
识形态领域中的指导，才有可能通过意识形态辐射到其他
领域，真正确立其在整个社会主义社会的指导地位。马克
思主义在意识形态领域的边缘化和失语，往往是政治领域、
文化领域和经济领域发生危机的先兆。

一、不坚持马克思主义的指导地位就没有社会主义社会

从政治上说，坚持马克思主义指导地位，是关系到坚

持中国共产党的先进性，从而也是关系社会主义前途和命运的问题。毛泽东说："领导我们事业的核心力量是中国共产党。指导我们思想的理论基础是马克思列宁主义。"[①] 毛泽东是把党与党的指导思想紧密结合在一起的，可以说这是"一荣俱荣、一损俱损"。任何政党从本质上说都有两个基础：一是阶级基础，即它代表哪个阶级或集团的利益；二是指导思想，即贯穿它全部政治活动的宗旨、目标，一以贯之的理论指导原则。西方资产阶级政党都掩盖它的阶级性，自称代表全体社会成员的利益、全民利益；他们也否认有任何指导思想，只有具体的政治主张和政治诉求。其实，任何资产阶级性质的政党，其指导思想都是以最有效的方式维护资本主义制度，坚持资本主义核心价值观念。他们的这一指导思想以各种方式贯彻在轮流上台执政的政党的具体方针政策中，往往是隐性的。政党可以轮替，但坚决维护资本主义制度的思想原则不会轮替。

对中国共产党来说，情况完全不同。指导思想问题是关系党的性质的根本问题，是旗帜问题，是主义问题，是道路问题，必须毫不隐晦。《共产党宣言》开宗明义就宣布了这一点。列宁当年在《我们的纲领》这篇为创立俄国共产党进行思想理论准备的文章中就明确宣称："我们完全以马克

---

① 《毛泽东文集》第 6 卷，350 页，北京，人民出版社，1999。

思的理论为依据，因为它第一次把社会主义从空想变成科学，给这个科学奠定了巩固的基础，指出了继续发展和详细研究这个科学所应遵循的道路。"[1]

列宁缔造的伟大的苏联共产党后来发生蜕变，自我宣布解散，丧失政权，社会主义道路走向失败，原因虽然很多，但其中一个具有决定作用的因素就是放弃了马克思主义指导地位，由抽象人道主义泛滥发展到公开打出所谓"民主的人道的社会主义"的旗帜，然后公开宣布以新自由主义为指导进行所谓"改革"。对于共产党来说，放弃马克思主义指导必然改变党的性质；对于处于执政地位的共产党来说，放弃马克思主义指导，必然会在失去意识形态领导权的同时，丧失政权。这是社会主义运动的一个沉痛教训。

中国共产党公开宣布自己的阶级基础是代表工人阶级和全体中国人民的利益，而且明确宣布坚持马克思主义的指导地位。这是中国共产党的先进性、人民当家作主地位永不丧失的保证，也是社会主义制度在中国得到巩固、发展和不断自我完善的根本保证。马克思主义不仅必须处于指导地位，而且能够处于指导地位。马克思主义之所以必须处于指导地位，并不仅仅因为中国共产党是执政党，因而它的思想理论"必须"处于指导地位。不单是"必须"，而且是"能

----

① 《列宁专题文集·论马克思主义》，94 页，北京，人民出版社，2009。

　　　　　　　　　历史唯物主义与中国道路

够"，因为马克思主义是科学的世界观和方法论。它自身的科学性和实践性决定它"能够"处于指导地位，"能够"指导中国共产党人实现自身承担的伟大民族复兴的历史使命，并逐步实现人的全面发展和人类解放的伟大社会理想。历史和现实证明，在当今世界，就科学性和实践性而言，没有任何思想理论能与马克思主义处于同一高度。这是近百年来中国历史证明了的真理，也是我们从当代世界各种理论学说发展状况中得出的结论。

马克思主义是一个完备严整的科学体系。它的哲学世界观为我们科学地理解世界的客观本性，理解人与世界的关系，理解自在自然与人化自然的辩证关系，提供了具有普遍规律性的论断。特别是辩证唯物主义的历史观，通过对人类历史发展规律和人在历史发展中的地位和作用的揭示，使我们能通过理论和实践相结合的方式深刻理解和把握人类社会发展规律、社会主义发展规律和共产党执政规律。对这三大规律的认识和运用，为中国共产党不致重蹈苏联解体的覆辙，跳出"历史的周期率"提供了理论保证。

马克思主义的经济学说不仅为我们观察当代世界资本主义经济发展，包括金融危机和资本主义社会的基本矛盾，而且为中国特色社会主义经济建设，包括正确处理生产、分配、交换、消费各个环节的关系，处理政府与市场、市场与计划的关系以及关于如何保持经济平衡、协调可持续的关系，提供了科学的经济理论。马克思主义的社会主义学说，对我们坚定建设中国特色社会主义的理想和信仰，以及对当代世界发展趋势的观察，具有指导意义。马克思主义是一个整体，马克思主义以其整体性和科学性，在人类实践和现实生活中以各种方式发挥作用。从意识形态来说，无论是坚持社会主义先进文化还是坚持社会主义核心价值观念，都必须坚持马克思主义的指导。

建设社会主义文化强国，既要发展文化产业，也要发展文化事业。这两种文化实体有区别但也有共同性。文化产业的经济效益，往往要依赖先进的科学技术的承载。西方发达国家之所以能在世界上宣传它们的价值观念，在很大程度上是借助它们的先进科学技术。这样，它们在取得最大经济效益的同时，又在意识形态领域占有某种强势地位。西方文化产业，不单纯是牟利的文化企业，同时也是意识形态的阵地。对我们来说，无论是文化产业还是文化事业，虽然在产权和管理方面存在区别，但它们都是社会主义制度下的文化单位，因此文化企业的经营者和文化事业的领导者，都应该以不同方式树立以马克思主义为指导的思想观念。

因为只有坚持马克思主义在社会主义核心价值体系中的指导地位，才能体现这种价值观念的社会主义本质，充分发挥社会主义核心价值体系引领社会思潮的导向作用。

核心价值的构成有两个条件：一是反映它得以产生的

社会基本制度的本质并有利于维护巩固该制度；二是反映在该社会处于统治地位阶级的核心利益。可以说一个社会的核心价值，就是这个社会的社会制度本质和处于统治地位阶级的核心利益在社会主导价值中的凝结。它是核心价值，因为它支配和主导整个社会领域中各个领域，包括经济、政治、文化、道德各个领域以及人们行为的基本价值规范。任何社会的核心价值，其本质和功能都是如此，社会主义核心价值体系也不例外。

社会主义核心价值观吸取了中国传统文化的优秀成果，吸取了世界文明的积极成果。但如果离开了马克思主义指导，就无法区分社会主义核心价值体系与非社会主义价值规范的差异性，而只能看到同一性。

每个具体社会都有各自的特点，但又具有不同社会形态的共性。西方资本主义国家风貌各异，但都属于资本主义社会形态；西方领主庄园制与中国地主土地所有制各具特点，但都可称为封建社会形态。从一个社会的核心价值中，我们不仅可以发现每个社会的具体社会特点和民族文化传统，而且可以发现它们拥有同一种社会形态赋予的共同特性。这样，我们就可以明白，为什么西方资本主义国家总是强调它们具有相同的价值观，原因就在于它们属于同一社会形态。从社会形态高度，从不同社会形态阶级关系变化的高度，才能真正理解不同社会核心价值的本质。离开历史唯物主义关于社会形态的理论，我们就往往容易陷入关于核心价值本质构成要素的抽象争论。

爱国主义不仅中国有，外国也有；不仅古代有，近代也有。但我们提倡的爱国主义之所以属于社会主义核心价值体系，就是因为它以马克思主义为指导，这种爱国主义不是狭隘民族主义也不是民粹主义，而是与热爱社会主义密不可分的。自由、民主、平等，作为社会主义核心价值体系的规范，肯定具有社会主义性质。尽管自由、平等是普遍使用的概念，但社会主义自由观显然不同于资本主义自由观，社会主义平等观不同于资本主义平等观。如果在社会主义核心价值体系中除去马克思主义的指导，而只保留一些抽象规范，社会主义核心价值体系就会失去质的规定性和导向性。

有些人之所以把资本主义核心价值当作普世价值，就是因为脱离了每种价值观念体系的指导思想和实在内涵，把它变为没有具体内容的抽象规范。的确，在社会主义核心价值体系中，我们会发现一些人类共用的概念，但它的社会主义核心价值的本质并不因此改变。

在阶级社会中，任何社会的核心价值都具有鲜明的阶级性和历史性。它属于统治阶级，但统治者总是力图把它变成全社会的共有价值；它是历史的，但统治阶级企图把它变为超历史的永恒价值。其实，公平、正义、自由、平等、和谐、爱国、荣辱，都不是超越时代和社会制度的共有的抽象概念，而是具体概念。

自由、民主、平等，人权，既非资本主义社会核心价值，也非具有普世性的价值。尽管资本主义社会的政治家们、理论家们这样宣传，以便占有道德制高点，但其实不是。

资本主义社会是以资本主义私有制为基础的社会，它的根本原则是私有财产制度神圣不可侵犯，这一原则在核心价值上最集中的表现就是：私有神圣（私有财产制度神圣不可侵犯）、个人本位。资本主义私有制度既是资本主义国家机器、资本主义宪法和法律必须维护的核心利益，也是资本主义价值观的核心。个人本位是贯穿资本主义社会政治、文化、道德等领域的核心价值。在资本主义社会，凡属个人的东西，包括个人财产、个人权利、所谓个人隐私，都是至高无上、不容侵犯的。

在社会主义初级阶段，我们实行以公有制为主体、多种所有制经济共同发展的基本经济制度，当然要保护合法的私有财产不受侵犯。但我们并不把私有财产制度视为永恒不变的，更不把私有财产神圣不可侵犯视为社会主义的核心价值。社会主义的本质是最终消灭资本主义私有制，消灭剥削和两极分化，对此邓小平在关于社会主义本质论中早已有明确论述。历史唯物主义以科学态度，以"三个有利于"为标准对待社会主义初级阶段的各种所有制形式，而不是以道德为尺度进行判断。保护私有财产制度是一种有利于发展生产力和解放生产力，有利于中国特色社会主义建设的法律规定，但不是共产主义的最终核心价值目标。

在社会主义核心价值观中，每个概念都包含着以马克思主义为指导、以社会主义制度为实质和内容的尚未展开的判断。它的社会主义内容正凝结在每个概念尚未展现的特有的判断之中。因此，我们只有坚持马克思主义在社会主义核心价值体系中的指导地位，才不会落入西方普世价值的理论圈套。

二、坚持创造性的马克思主义指导作用

马克思主义自产生之后，一直是争论不休、饱受攻击的学说。受到各种政治倾向、各种学派拥戴的，最公正、最无意识形态性的所谓"马克思主义"，肯定是机会主义或修正主义的别名。坚持马克思主义指导地位，一定要区分"龙种"与"跳蚤"，一定要反对那种宣称马克思以后的马克思主义与马克思思想相对立的理论。

恩格斯在 1890 年 8 月 27 日致保·拉法格的信中说，马克思不承认自己是"马克思主义者"，马克思还引用海涅的话，说自己播下的是龙种而收获的却是跳蚤。[①] 这显然是

---

① 《马克思恩格斯选集》第 4 卷，695 页，北京，人民出版社，1995。

马克思对 19 世纪 70 年代法国一些自称为"马克思主义者"的人的不满，也是恩格斯对当时德国一些自命为"马克思主义者"的大学生的不满。马克思不承认自己是马克思主义者，这是对"跳蚤们"的不满，羞于与其为伍。可见，在马克思和恩格斯的时代，所谓"马克思主义者"就有"龙种"与"跳蚤"之分，并非始于当今。按照恩格斯的说法，所谓"跳蚤"，就是被歪曲得面目全非的马克思主义。

当代西方有些学者把马克思主义与马克思（当然也包括恩格斯）对立分割开来，鼓吹马克思以后的马克思主义是与马克思对立的另一种学说，他们不区分"龙种"与"跳蚤"，根本不承认马克思之后存在一个以马克思思想为依据的马克思主义学派。当代中国马克思主义也被其归为"打左灯、朝右走"的所谓马克思主义。这种说法，如果不是理论的无知，就是别有用心。要是这个论断能成立，那马克思以后就没有马克思主义。这种说法表面上推崇马克思，实际上是使马克思后继无人，使马克思主义根本不能成为当今世界最具影响力的思潮和学派，是否定马克思思想的当代价值。

不错，在当代几乎所有标榜自己钻研马克思主义的学者都自称马克思主义者。但是他们的观点不同，甚至相互对立。有的学者认为究竟什么是马克思主义，取决于人们对马克思不同发展阶段写出的书籍、小册子、论文和书信做出的解读。按照这种说法，根本不存在马克思主义，只存在对马克思的不同解读。我们承认，当代对什么是马克思主义存在不同理解，但这不能成为否定存在真正的马克思主义的理论根据。

马克思主义作为一种科学体系，它的内容并不取决于人们的主观解释，而是取决于它的客观内容和科学本性。弄清什么是马克思主义，对于正确理解和完整掌握马克思主义基本观点而言是至关重要的。毫无疑问，马克思的著作和文章是在不同时期写作的，它们会显现出马克思思想发展过程的差异性。因此，马克思主义的方法论原则，不是对某个文本或文本的某句话的不同解读，而是对贯穿全部马克思著作（当然包括恩格斯的著作）的那些反复论述、不断出现的具有规律性的论断的解读，而且从他们对历史和现实问题的实际运用中能够得到证明。这是马克思著作中稳定的、一贯的、成熟的思想，它们构成马克思主义科学体系的内核，例如，辩证唯物主义和历史唯物主义的世界观、对资本主义社会形态和基本矛盾的经济学分析、追求无产阶级和人类解放的社会主义和共产主义理想。如果一个学者或学派自称为马克思主义的，又反对辩证唯物主义和历史唯物主义世界观，为资本主义制度的永恒性辩护，否定社会主义可以以不同方式取代资本主义的必然性和必要性，那就不可能是马克思主义。它可以称为任何主义，就是不能称为马克思主义，因为马克思主义从根本上说是一种解决资本主义社会的基本矛盾、为无产阶级和人类寻求解放的学说。

马克思主义是与时俱进的学说。马克思和恩格斯的后继者，在实践中肯定要创造性地发展马克思和恩格斯的思想。因此，不同国家、不同地区、从事不同实践活动的马克思主义者会显现出各自的特色。马克思主义在各国的实践没有唯一的模式，更没有一个标准的模式。但不能由此得出结论，当代马克思主义理论与马克思主义基本原理可以截然不同，是两种完全不同的体系。马克思主义理论是普遍的，而实践则是具体的、特殊的。当具有普遍性的理论与实践相结合时，肯定会有特点和新的创造与结论。因此，马克思以后的马克思主义，肯定会与马克思存在由于时代而产生的差异性。但是发展了的马克思主义仍然是马克思主义。马克思主义与马克思的思想既一脉相承又与时俱进。一脉相承是"同"，必须坚持马克思主义基本原理，而不是文献中的个别论断，否则就不能称为马克思主义。但它必须与时俱进，因而具有时代特点、地区特点、民族特点。异中有同，就是只要自称为马克思主义，就必须具有马克思思想的基本特征，遵循马克思创立的基本原理和为无产阶级和人类寻求解放的主题。但同中有异，"异"是时代特征和民族特征的理论凝结。抽象地说，马克思主义与马克思的思想不同，难以判定其正确与否，而一定要弄清它们所谓同异之处何在。

在当代中国，坚持马克思主义就要坚持当代中国马克思主义；坚持当代中国马克思主义，也就是坚持马克思主义。当代中国马克思主义始终包括作为马克思主义缔造者的马克思和恩格斯对马克思主义基本原理的贡献。任何马克思主义理论工作者都能从邓小平理论、"三个代表"重要思想、科学发展观、习近平新时代中国特色社会主义中读到被创造性地运用于中国当代实际的辩证唯物主义和历史唯物主义基本原理，读到被娴熟运用于中国实际的马克思主义经济学说和社会主义学说。如果从当代中国马克思主义中剔除马克思和恩格斯创造的马克思主义基本原理，当代中国马克思主义就不成为马克思主义。反之，在当代中国，如果马克思主义不与中国实际相结合，不发展为当代中国马克思主义，这种所谓马克思主义就是教条主义，而教条主义会断送中国革命，断送中国社会主义。

我们应该正确理解，在当代中国，只有中国马克思主义而不是别的什么主义能作为继续推进改革开放的指导思想。这里所谓别的"什么主义"指的是反马克思主义或非马克思主义的思想而不是指马克思列宁主义。对中国共产党人来说，马克思列宁主义、毛泽东思想属于必须坚持的同一个马克思主义体系之内的理论，而不是别的"什么主义"，这就是当代中国马克思主义思想理论的源头。中国共产党之所以再三强调中国特色社会主义理论与马克思列宁主义、毛泽东思想既一脉相承又与时俱进，正在于既强调马克思主义与时俱进的本质，又强调中国特色社会主义理论的马克思主义本质。没有两种马克思主义，只有一种马克思主义。这就是由马克思和恩格斯创立并由后者创造性发展的马克思主义。把坚持马克思主义与坚持当代中国马克思主义割裂开来是极其有害的。

马克思并没有结束真理，而是为真理开辟了道路。沿着马克思的道路前进，我们会接近真理；如果背离马克思，只能走向泥坑。所谓背离马克思，当然是指根本观点，而不是个别结论。列宁在批判波格丹诺夫时说过，如果在哲学上同马克思主义基础已经彻底决裂的人，后来又支吾不清、颠倒是非、闪烁其词，硬说他们在哲学上也是马克思主义者，硬说他们和马克思差不多是一致的，只是对马克思学说稍稍作了点补充，那么，这实在令人十分讨厌。

"龙种"与"跳蚤"的区分并非搞关门主义。在当代以马克思主义为研究对象的学者并不少见。任何以严肃科学态度对待马克思和马克思主义的学者，我们都应该欢迎，即使有不同意见也应该重视。例如，特里·伊格尔顿在《马克思为什么是对的》一书中坦言："我对马克思的一些观点是持保留意见的。但是，马克思对他所生活的那个时代中一些重要问题的真知灼见足以使'马克思主义者'成为一个令无数人心向往之的标签。弗洛伊德学说的真正支持者不会迷信弗洛伊德的全部观点，也没有一个阿弗雷德·希区柯克的影迷会认为这个大师的每一个镜头和每句台词都完美无缺。马克思也并非无懈可击，而我只想展示马克思的合理之处。"① 作者对西方典型的否定马克思主义的观点进行了反驳。即使伊格尔顿对马克思的某些思想有不同意见，但这种以创造性态度对待马克思主义的学风还是值得赞赏的。

如果根本否定马克思主义的基本原理而又自称为马克思主义者的人应该归为"跳蚤"之列，那么，在马克思仍然是公认的世界伟大思想家的当今时代，"跳蚤"的出现是不可避免的。弗朗索瓦·佩鲁也说过："毫无疑问，马克思激起了人数众多的诠释者的灵感，他们中有一小部分人亲自研究了马克思本人的出版物，但绝大多数是依据种种解释、复述和使之通俗化的评论进行诠释工作的。因此在某种程度上出现了马克思思想的退化现象，这种退化同马克思原来的见解相比，毫无精确性可言——这是具有丰富创造力的学说都无可奈何，必须忍受的一种命运。"② 我们不能阻止有"跳蚤"出现，也不能因为有"跳蚤"就断言马克思之后的马克思主义与马克思本人的思想存在断裂。坚持马克思之后的马克思主义根本不同于马克思，以"跳蚤"混同"龙种"

---

① ［英］特里·伊格尔顿：《马克思为什么是对的》，1 页，北京，新星出版社，2011。
② ［法］弗朗索瓦·佩鲁：《新发展观》，68 页，北京，华夏出版社，1987。

而反对马克思主义，这应该被视为当代反对马克思主义的诡辩"策略"。

三、坚持马克思主义与贯彻双百方针

从当代意识形态领域的理论斗争来看，在马克思主义中最受攻击的是历史唯物主义，可以说它是受攻击的重中之重，被诬为经济决定论、宿命论或机械决定论，罪名不可胜数。各种批评都力图推翻历史唯物主义关于历史规律性的观点。历史唯物主义被推翻了，马克思关于资本主义的经济分析也宣告被推翻，随之而倒下的就是社会主义学说。马克思主义中最受有产者痛恨的是社会主义学说，可要驳倒社会主义，就必须推翻马克思对资本主义的经济分析，而推翻马克思的《资本论》，就必须首先驳倒历史唯物主义。因此历史唯物主义从一开始就成为斗争的焦点。这一点，连伯恩施坦都承认。他说过："没有任何人会不同意，马克思主义的基础中的最重要环节，也可以说是贯串整个体系的基本规律，是它的特殊的历史理论，这一理论被命名为唯物主义历史观。整个体系在原则上是同它共存亡的。在这一理论受到限制时，其余的环节彼此相对的地位也相应地要随之受到影响。因此对马克思主义正确性的任何探讨，都必须以这一理论是否有效这一问题为出发点。"① 不管对伯恩施坦如何评价，他对历史唯物主义在整个马克思主义中的地位的论述还是很有见地的。

在马克思关于历史唯物主义的论述中，最受质疑的是他写于 1859 年的《〈政治经济学批判〉序言》。在全部马克思和恩格斯的著作中，它是唯一一处以类似公理的形式相对集中论述了历史唯物主义基本原理的作品。它简短、凝练，都是论断式而非论证式，没有展开，没有实例。正因为这样，它不可避免地有局限。它的全部论断都是从历史唯物主义角度环环相扣，从生产力最终作用观点出发，论述人类社会发展的动力和社会形态更替的连续性、阶段性。至于生产关系对生产力、上层建筑对经济基础反方向的作用，社会形态发展可能的多样性，则没有涉及，因而经常遭受诟病和质疑。确实，马克思这篇序言并不是对历史唯物主义的全面论述，它是从经济学研究出发对长期处于统治地位的历史唯心主义的宣判和决裂，它的确具有恩格斯晚年总结的，过于看重经济基础的决定作用而对上层建筑的作用存而不论的缺点。但不可否认的是，《〈政治经济学批判〉序言》的确是对历史唯物主义理论核心观点的总结。没有《〈政治经济学批判〉序言》提纲挈领式的论述，我们就很难把握历史唯物主义的

---

① 殷叙彝：《伯恩施坦读本》，221 页，北京，中央编译出版社，2008。

核心观点。

毫无疑问，全部马克思主义包括历史唯物主义都应该是创造性的理论，都应该根据时代和实践经验不断丰富和发展。但发展是一回事，篡改、歪曲、修正则是另一回事。我们要警惕形形色色的"跳蚤"们。我们应该看到，随着改革的深入，意识形态领域的斗争显得更为激烈。一些混淆是非的说法很容易迷惑没有理论修养的人。放弃单一的公有制而促进多种经济成分同时发展，能等同于放弃公有制的主体地位吗？在共产党领导下有目的有计划地利用资本主义经济成分，应该归功于中国共产党的领导和社会主义制度的包容性，还是应该归功于资本主义制度？是体现了社会主义制度的优越性，还是体现了资本主义制度的优越性？其实，对于一个稍具马克思主义基本常识的人来说，这种区别就是很容易分辨的。

毋庸讳言，我们意识形态领域面临的形势仍然是严峻的。从国际上说，西方自由主义思潮，尤其是以个人主义为核心，以维护资本主义私有制为最终目的的所谓自由、民主和人权思潮，在全球化背景下，随着各个领域中的频繁交往而具备多种渠道的传入方式。所谓人权外交、价值观外交，就是西方国家以其强大军事和经济力量为后援的思想渗透和政治压力。从国内来说，由于经济成分的多样化和利益多元化，必然产生思想的多样化、多种利益诉求甚至不同的政治诉求。如果不加引导，就可能发展为对主流意识形态的冲击。尤其是市场经济诱发的拜金主义和极端利己主义思潮，极其有利于西方自由主义思潮的传播和渗透。还要注意，由于社会分配不公、贫富两极分化、官员腐败以及食品安全和道德滑坡引发的群众不满情绪，会从另一个方面引起思想混乱，不利于年轻人树立关于改革开放的正确认识，不利于当代中国马克思主义指导地位的树立和巩固。

近年来，党中央开展马克思主义理论建设工程，大力提倡和宣传社会主义核心价值观念，重视当代中国马克思主义理论研究，都是为了树立马克思主义在意识形态中的指导地位，防止重蹈苏联的覆辙。苏共执政七十年，亡党失政；中国共产党建党九十多年，执政七十年，依然朝气蓬勃，在中国特色社会主义道路上奋勇前进。我们有自己的经验，有苏共的教训。中国共产党和中国人民一定能对人类、对世界社会主义运动做出自己应有的贡献。

坚持马克思主义指导地位不会导致学术贫困化、理论一律化。把坚持马克思主义指导地位，比喻成"罢黜百家，独尊儒术"是完全错误的。马克思主义是开放的思想体系，马克思自己就主张学术自由，主张学术争鸣。他说过，我们既然不能要求玫瑰花与紫罗兰散发出同样的芳香，怎么能要求最丰富的精神世界只能有一种存在形式呢？他还说过，真理像燧石，只有敲打才能发出火花。

中国共产党提倡坚持马克思主义的指导地位，但同时强调要在学术领域贯彻"双百"方针。在这个问题上我们曾经有过"左"的错误和干扰，但这不是党的方针。有人说，既然强调坚持马克思主义的指导地位，那只能是一花独放、一家独鸣，何来百花齐放、百家争鸣呢？指导思想的一元性问题与学术中的各种风格流派的多样性问题是两个不同层次的问题。一个是用什么样的世界观和方法论作为研究指导的问题，一个是具体的学术观点和流派的问题。我们提倡学术研究要努力学会应用马克思主义的世界观和方法论作为研究的指导，但绝不排斥其他研究方法，也绝不提倡用抽象的马克思主义原则代替具体的学术研究和艺术流派。当然，坚持"双百"方针绝不是否定意识形态领域可能出现分歧和斗争。既然坚持马克思主义的指导地位，那么，对重大的错误思想和思潮当然不能漠然置之，而必须发挥马克思主义革命的、批判的功能。我们不能放弃理论的批判功能，不能放弃意识形态领域中的马克思主义阵地。但这种批判必须是说理的，有说服力的。越是说理，越能巩固马克思主义意识形态的指导地位。真理的力量在于真理自身。

第五章

社会主义社会形态出现的必然性及其实现

　　苏联曾是世界上第一个社会主义国家，中国也是世界上重要的社会主义大国，但二者发展的方式和命运却如此不同。苏联最终解体，从一个强大的社会主义国家蜕变为资本主义国家，而原来比较贫困的社会主义中国却在改革开放中迅速崛起。为什么同样是社会主义国家却有两种命运？如果社会主义优越于资本主义，那苏联为什么会解体？如果社会主义不优越于资本主义，那为什么中国会在坚持社会主义基本制度的框架内取得如此重大的发展？社会主义社会取代资本主义社会有没有必然性？历史的偶然性，即具有自己个性、在特定历史时期站在政治舞台前面的历史人物，在多大程度上决定了中国与苏联社会主义社会发展的不同命运？这既是一个历史哲学问题，同时也是一个现实问题。

问题及其答案都存在于苏联和中国社会主义事业各自的历史发展中。

一、苏联社会主义失败的必然性与偶然性

自从苏联解体以来，理论家们一直在争论：这究竟是必然的还是偶然的？如果说是必然的，那么十月革命就是错误的，是一次注定要失败的冒险，苏联社会主义不仅是"早产儿"，简直就是"畸形儿"。如果是偶然的，那么，苏联这个庞然大物，这个唯一能与美国和西方资本主义世界抗衡的社会主义大国，这个使美国和西方在战后不能无所顾忌、为所欲为的大国，在经历了举世瞩目的辉煌之后，最终由于偶然因素的作用而解体，由于偶然因素的作用而导致资本主义复辟，这无法令人信服。一种偶然产生的社会制度不可能有如此辉煌的历史业绩；而一种必然产生的社会制度也不会仅仅因为偶然因素而灭亡。

理论家们这样来争论苏联解体的必然性和偶然性问题，最大的错误是把自然规律与社会规律混为一谈。人们谈论苏联解体的必然性，仿佛谈论月食与日食一样，以为它是一个从开始就预先注定必然失败的历史事件。其实，苏联所发生的一切，存在于苏联的历史发展过程中，存在于苏联共产党领导的活动中。离开苏联社会主义七十多年的历史，

既不存在苏联解体的必然性问题，也不存在导致苏联解体的各种不同个性人物出现的偶然性问题。

十月革命是一场具有世界历史意义的伟大革命，说它纯粹是偶然的，是列宁的阴谋，当然是完全错误的。一场具有世界历史创举意义的伟大革命不可能纯属偶然。偶然因素可以成为诱因，但不是历史发展的决定因素。十月革命后，苏联的发展举世瞩目，在一段时期内曾使西方世界为之惊慌失措，这足以说明十月革命是合理的，是顺应历史潮流且符合民心的。

十月革命发生的必然性存在于人类社会形态更替的规律和俄国特殊条件相结合之中。如果人类社会没有进入资本主义阶段，不存在资本主义社会由于自身矛盾必然会过渡到社会主义社会的规律，就根本不可能有十月革命。如果俄国不是当时资本主义世界矛盾最尖锐而又最薄弱的环节，社会主义革命也就不可能首先在俄国爆发。可以说，世界历史的总规律和第一次世界大战后俄国面临的各种矛盾的特殊条件孕育了十月革命。而列宁缔造的俄国布尔什维克党坚强正确的领导，适时地利用俄国二月革命胜利后的局势，以及俄国资产阶级临时政府对解决战争问题、对俄国农民要求解决土地和面包问题的无能，使十月革命由可能变为现实。十月革命的必然性存在于世界资本主义发展规律、俄国的特殊条件和社会矛盾以及列宁和俄国共产党的活动相结合之中。主体的参与是社会规律起作用的特点，社会主义革命也不例外。

历史并没有注定苏联七十多年后必然解体，注定苏联社会主义一定要失败。然而事实无情，苏维埃政权经历了七十多年的辉煌，却在国内外、党内外政治力量的合力作用下，在群众的不满和参与下，最终垮台。这种解体的必然性同样存在于国际条件和苏联国内条件之中，存在于处于执政地位的苏联共产党的活动之中。苏联解体的必然性是在特定的历史条件下，由苏联共产党自身的活动一步一步造成的。

斯大林执政以后，为苏联的崛起立下了汗马功劳，但他以阶级斗争和党内斗争来巩固政权，不承认社会主义社会有矛盾，不承认需要正确处理和用不同方法解决不同性质的矛盾，实行专政和高压政策，对苏联社会主义社会不正常的发展负有一定的历史责任，留下了隐患。但起决定作用的是斯大林逝世后苏联共产党的历届领导者。他们作为斯大林逝世后的当权者和决策者，完全有可能结合苏联的实际，真正按照社会主义原则纠正斯大林和斯大林时期的错误。可他们走的是另一条路。在斯大林死后出现的两种可能性中，苏联共产党的领导人做出了错误的抉择。

赫鲁晓夫以后的几届苏联共产党领导人，一方面，在理论和舆论上，对由于全盘否定斯大林而诱发的苏联国内反马克思主义思潮演变为丑化和诋毁社会主义制度的思潮，采取了放任态度；另一方面，在经济和政治上，仍然维持斯大林时期确立的原有体制，而没有进行真正卓有成效的改革，从而使苏联经济陷入停滞状态。这种经济基础与上层建筑之间的矛盾，即意识形态中诋毁社会主义和马克思主义舆论的泛滥与奉行原有经济体制并存之间的矛盾，严重影响了苏联的生产力和科学技术的发展，使人民生活水平远远落后于西方发达国家。在意识形态领域，马克思主义被边缘化、被丑化，思想极度混乱。按照历史唯物主义的观点，一切社会冲突归根结底存在于社会基本矛盾之中。当苏联在意识形态陷入极度混乱、生产力和科学技术发展陷入停滞、人民生活水平陷入贫困时，解体的必然性也就悄然形成。

苏共领导人戈尔巴乔夫和叶利钦登上政治前台，是应时而出。抽象地说，社会主义当然需要民主、需要透明、需要社会主义人道主义。可戈尔巴乔夫倡导新思维并推行所谓民主的、人道的社会主义，是在原来已缓慢进行多年、反对斯大林和苏联政治体制的专制和暴行、所谓反人道主义的政治倾向中提出的，它的针对性和矛头所向是社会主义制度本身，而不是体制中的缺陷。这使得本来已经混乱的思想更加混乱。社会主义制度、苏联共产党以及作为指导思想的马克思主义，由于长期不断地被丑化，此时已在不少人心目中失去了其合理性，失去了最后的尊严。当叶利钦推行新自由主义全盘私有化的"休克疗法",使经济基础发生根本性的变化时,苏联从上层建筑到经济基础已经发生了根本改变,苏联解体和资本主义复辟也就不可避免了。少数人在议会中的反抗注定要失败,只能是孤鸿哀鸣。

人民面对苏联共产党解散、社会主义失败的局面,或袖手旁观,表现为一种政治冷淡主义;或走上街头积极参与,表现为一种非理性的狂热主义。这是苏联社会的生产力与生产关系、经济基础与上层建筑矛盾多年积累的结果。

可以说,十月革命是必然的,苏联七十多年后的解体也是必然的。这两个必然性之间表面上似乎相互矛盾,如同水火冰炭,实际上是可以并存的。因为从十月革命的必然性到苏联解体的必然性之间有一段很长的历史过程。正是在这一历史过程中,苏联共产党的实践活动逐步在社会中创造了苏联解体的经济、政治和思想条件。苏联解体和苏联社会主义失败的必然性,主要存在于"后斯大林"时期苏联共产党逐步偏离和背弃马克思主义的活动之中,是苏联共产党的路线和政策一步一步筑就的。

苏联社会主义失败的教训表明,社会主义社会有自身的发展规律,它自身的矛盾是不可能单纯依靠实行无产阶级全面专政和阶级斗争来解决的。在社会主义社会的发展中,起决定作用的仍然是物质资料生产方式。斯大林直到逝世前,从来没有放松过阶级斗争,他常采取严厉的政治运动和党内斗争，可谓弄得"干干净净，纯而又纯"，但多年后苏联仍然走向解体。苏联解体和十月革命成果的丧失，充分证明了历史唯物主义基本原理的正确性。

社会发展的必然性不是与社会相脱离的"命运之神"。必然性存在于社会发展过程之中，因而历史事件发生的时代背景、时间、条件都不可能相同。具体的历史事件不会重复。历史的主角不同，有历史的巨人，也会有历史的侏儒。历史人物活动的社会条件不同，国际背景也不同。十月革命是人类革命的新纪元，是人类革命的一次伟大胜利；七十多年后的苏联解体，是社会主义伟大实践中的一次失败。在这些不同的事件中，可以发现不同性格、不同水平、担任不同任务的历史人物。当"后斯大林"时期的历史沿着否定苏联社会主义建设成就的方向演变时，政治舞台上就不可能再度出现把十月革命由可能变为现实的列宁式的天才人物，不可能出现把苏联由使用木犁变为拥有原子弹、战胜德国法西斯、具有坚忍与专权双重人格和战略眼光的斯大林式的人物。全盘否定苏联社会主义建设成就和马克思主义，需要的只能是在"新思维"旗帜下的全面颠覆性的人物。

十月革命的必然性并不能导致苏联社会主义最终胜利的必然性。这是两种必然性。任何伟大的马克思主义理论家和革命家，都不可能提出一个永恒不变的治国方案，也无法保证他们开创的事业在多少代以后不会中途夭折。常言说，创业难，守业更难。社会主义伟大事业不同于任何封建王朝，它只能在不断变革中完善、巩固和发展。

历史具有偶然性。是戈尔巴乔夫和叶利钦而不是苏共别的领导人最后充当了埋葬苏联社会主义的主角，以及苏联解体中的许多具有戏剧性的细节，当然具有某种偶然性，但在偶然性背后最终起决定作用的仍是历史必然性。一个社会主义国家如果不能正确解决社会基本矛盾，而是使社会基本矛盾不断激化，当矛盾无法在社会主义基本制度范围内得到解决、民心尽失时，苏联模式社会主义的失败就是不可避免的了。

二、毛泽东的远见和历史认识的局限

苏联的社会主义制度被颠覆，资本主义在苏联复辟，这一点毛泽东似乎早就料到了，他对苏联曾做出过"卫星上天，红旗落地"之类的预言。

毛泽东为什么会得出这样的结论呢？其判断的依据是什么？毛泽东依据的是社会主义发展的历史必然性。社会主义国家的指导思想应该是马克思主义，如果失去了意识形态领域的领导权，社会主义国家就会处于危险状态。毛泽东看到赫鲁晓夫大反对斯大林，全盘否定斯大林，就断定苏联只要全盘否定斯大林，必然会进一步否定列宁，只要丢掉列宁和斯大林这两面旗帜，苏联就会垮台。在社会主义上层建筑中，意识形态的缺口一打开，各种反马克思主义、反社会主义的思潮汹涌澎湃，就会把社会主义制度冲垮。这一点，我们只要看看苏联解体前很长一段时期内哲学社会科学和文学艺术领域的主导倾向就可以了解。所谓公开性和民主性，只是这种意识形态路线不断偏离马克思主义的必然结果。社会主义制度被丑化，许多闻所未闻的"暴行"和"阴暗面"不断在报纸、电台、电视中，在"公开性"的号召下被揭露。社会结构是一个整体，只要从一个方面，例如从意识形态领域撕开一个裂口，这个裂口就会不断撕裂、延伸、扩展，导致社会重心倾斜和人心涣散，最后是整个社会结构的崩溃与解体。一种在人们心目中失去合理性与合法性的社会制度，不可能继续存在。

在历史活动中，个人的动机并不是决定性的。赫鲁晓夫在1956年不一定有搞垮社会主义的想法，他也可能是诚心诚意想进行改革，可历史是不以个人主观意志为转移的。只要开启了全盘否定斯大林、否定苏联社会主义历史的闸门，污泥浊水就会从这个闸门中往里冲。开始也许是细流，慢慢就会形成势不可挡的洪流。毛泽东看到了这种危险性，在社会主义意识形态问题上他始终是保持高度警惕的。但毛泽东当时关注的是意识形态方面的问题，而不是苏联社会主义体制中的问题。他当时并不知道，苏联社会主义体制如果不进行改革，最终也可能"卫星上天，红旗落地"。

毛泽东当时仍然停留在原有的社会主义观念的模式中。虽然在关于苏联政治经济学的读书笔记和有关谈话中，毛泽东曾提出过"消灭了资本主义还可以再搞点资本主义"、"价值法则是个大学校"、"要学会经济核算"等重要思想，但主导思想仍然是把"八级制"称为资产阶级法权，把商品经济说成是资本主义复辟的温床，并过高估计了中国当时社会主义发展的阶段。他反对赫鲁晓夫全盘否定斯大林、坚持正确评价斯大林的功过是非，这个立场是正确的，但对社会主义国家应该反对"个人崇拜"缺乏鲜明的立场，相反主张要搞点"个人崇拜"。这对在中国破除"个人崇拜"，确立和健全党的集体领导制度是不利的。毛泽东维护马克思主义在社会主义意识形态领域的指导地位是正确的，但对马克思和恩格斯关于社会主义的某些观念必须根据实际情况不断发展，并没有着重强调。尽管毛泽东是马克思主义中国化的倡导者和实践者，是中国社会主义道路的探索者，但他在断定苏联"卫星上天，红旗落地"时，重点关注的还是意识形态，而没有看到苏联经济体制和政治体制中的缺陷，因而毛泽东总体上坚持的仍然是与苏联大体相同的体制。毛泽东关于苏联"卫星上天，红旗落地"的预言既有远见，又有很大的历史局限性。这种局限性成为中国长达20年的"左"的错误的重要理论根源。

恩格斯说过，人都是在一定条件下认识事物的，条件达到什么水平，认识就达到什么水平。伟大人物同样会有历史局限性。历史必然性的认识是个过程，甚至是个要付出沉重代价的过程。毛泽东时代的中国正处在夹缝中，西边有西方资本主义世界特别是美国的封锁，东边有苏联对抗。毛泽东当时不可能搞对外开放，更不可能提倡让一部分人先富起来。对毛泽东来说，在敌人亡我之心不死的国际政治态势下，在国家仍然"一穷二白"的情况下，平均主义、"大锅饭"是稳定社会、巩固政权的必然选择。

毛泽东终其一生，都把从政治和思想上巩固社会主义政权作为头等大事。社会主义政权可以得而复失，对于这一点，熟悉王朝兴亡历史的毛泽东非常清楚。1945 年，他就和黄炎培先生讨论过历史周期率问题。在临近全国解放时，如何巩固即将取得的政权是毛泽东首先要考虑的问题。毛泽东在党的七届二中全会的报告中已向全党敲起了警钟。后来在党中央由西柏坡迁入北京城时，毛泽东又以李自成为例说，"我们是进京赶考，不要考试不及格"。毛泽东的这些远见卓识，都涉及无产阶级取得政权后如何防止得而复失的问题，重点是如何巩固政权，不要走历史上农民革命者因进城而腐化的老路。毛泽东虽然提出过关于正确处理人民内部矛盾问题、关于调整社会主义社会基本矛盾及其不相适应方面的问题、关于正确处理十大关系问题等，但这些对中国社会主义建设道路和社会主义制度的巩固具有全局性、前瞻性、战略性意义的思想，在毛泽东有生之年并没有得到认真贯彻。

中国社会主义建设的历史同样证明，试图通过"以阶级斗争为纲"的路线来巩固社会主义，不仅无助于社会主义制度的自我完善，无助于民生的改善，最终也无助于社会主义制度的巩固。中国社会主义社会的基本矛盾仍然是生产力与生产关系、经济基础与上层建筑的矛盾，而具有最终决定作用的是生产力发展水平和状况。一个社会不可能单纯依靠政治斗争来巩固政权，也不可能依靠平均主义来稳定人心。"文化大革命"由于大搞"阶级斗争"，给干部和知识分子造成了久久难以弥合的伤痛。不管人们的主观意愿如何，历史唯物主义的基本原则、社会主义社会发展的客观规律都是不能违背的。

三、改革开放是中国社会主义继续发展的必由之路

毛泽东逝世后，如何把一个贫穷的社会主义国家变为富裕的社会主义国家，成为摆在中国共产党人面前的重大课题。国际形势和中国社会自身的发展提出了这个要求，而"四人帮"被粉碎从政治上为这种选择创造了可能性。时代需要的是能担负历史重任的人物，需要的是思想解放和马克思主

义中国化的新发展。时代既然提出了问题，就肯定会有答案。这个答案就是中国特色社会主义理论的产生。这是中国社会主义历史发展的必然性，也是中国共产党人对社会主义历史发展必然道路的正确选择。

社会主义在发展的不同历史阶段有其不同的特点。毛泽东在社会主义政权立足未稳时，着眼于从政治上巩固政权、强调阶级斗争，具有一定的历史合理性。但"以阶级斗争为纲"，把它作为整个社会主义时期的指导思想，容易导致在政治上不着力于民主和法治建设，混淆两类不同性质的矛盾，在经济上不能集中精力搞建设，以所谓"抓革命"来"促生产"，实际上阻碍了生产力的发展，使社会主义社会制度的优越性没有得到充分发挥。

在中国经历 1949 年之后社会主义建设正反两方面的经验与教训，并在总结国际社会主义实践经验的基础上，邓小平首先提出了"什么是社会主义，如何建设社会主义"的问题，逐步形成了"一个中心、两个基本点"的基本路线，迈开了改革开放的步伐，破解了中国社会主义发展之谜。

我们应该从历史必然性的高度来理解邓小平理论。什么是社会主义和如何建设社会主义，提出的是一个社会主义历史必然性实现的抽象可能性与具体可能性的相互关系问题。社会主义必然代替资本主义的理论，是人类社会进入资本主义阶段以后，马克思和恩格斯对人类社会发展总的历史趋势的科学概括。但这一规律的实现不可能离开各国的条件和文化传统。只有从各国自身的条件和文化传统出发，社会主义取代资本主义才是可能的和现实的。否则，它就会变为一个抽象的图式，甚至有可能变成"乌托邦"。

邓小平关于"什么是社会主义和如何建设社会主义"的理论，把社会主义取代资本主义的规律的实现置于现实的基础上，从而使社会主义社会由一种关于人类社会发展的社会形态的规律性理论，变为一种在中国实际进行社会主义建设的理论和实践，是科学社会主义理论与中国实际相结合的卓越典范。

对于"一个中心、两个基本点"的基本路线，只有从社会主义社会结构的高度才能理解它的合理性和现实性。以发展生产力、解放生产力为中心，就是牢牢把握住生产力是社会发展最终决定力量的规律。恩格斯在《在马克思墓前的讲话》中说："正像达尔文发现有机界的发展规律一样，马克思发现了人类历史的发展规律，即历来为繁芜丛杂的意识形态所掩盖着的一个简单事实：人们首先必须吃、喝、住、穿，然后才能从事政治、科学、艺术、宗教等等。"[①] 物质资料生产是人类全部活动得以实现的基础。至于"两个基本点"，同样与社会主义社会结构密不可分，体现的是社会主义社会

---

① 《马克思恩格斯选集》第 3 卷，776 页，北京，人民出版社，1995。

存在和发展的必然要求。坚持四项基本原则，是坚持社会主义上层建筑对经济基础的反作用；不坚持四项基本原则，改革开放就会偏离社会主义必然性的方向；而不坚持改革开放，就会把社会主义社会这个不断变革着的社会凝固化，阻碍社会主义历史必然性在中国的实现。改革开放如果和四项基本原则相分离，就会违背改革开放的目标和理想。

邓小平理论，无论是在马克思主义发展史上，还是在社会主义实践史上，都是一个伟大的创造。在几十年的改革开放进程中，中国特色社会主义理论体系不断与时俱进。经验证明，走中国特色社会主义道路，是防止苏联悲剧在中国重演，坚持、发展和完善社会主义，实现中华民族伟大复兴的必由之路。

科学发展观和创新、协调、绿色、开放、共享的新发展理念的提出，既是对当代世界生态危机及其根源的意识觉醒，又是基于中国社会主义社会发展的必然要求。人类社会的发展，在很长的历史阶段处于自发状态，在前社会主义社会，没有一个社会能对社会发展有一个总体规划，也不可能有总体规划。即使在资本主义社会，虽然每个企业都有计划，但整个经济生活领域依然是由市场这只"看不见的手"自发调节，支配社会经济的是丛林法则。

20世纪70年代，西方资本主义国家开始关注发展问题，联合国也有学者对此进行专门研究并有专著发表。可是，对于社会发展问题，西方只是关注其中的一个方面，即由于生态环境恶化而引起的人与自然的矛盾，没有或很少涉及人与人的关系问题。他们离开西方现存的社会经济制度、政治制度，把发展问题单纯归结为生态保护问题。其实，人和自然的关系与人和人的关系是不可分离的。人在人和人的社会关系内发生人和自然的关系，在人和自然关系基础上发生人和人的关系。只有把两者结合在一起考虑，才能真正适应当代人类社会发展的必然要求。可以说，西方关于发展的理论对人与自然的必然性关系有一定的认识，但对社会必然性的认识仍然处于盲目状态。

中国共产党人的发展观可以说是科学与价值的统一，是以社会主义社会发展的必然性为依据的。衡量发展的科学标准，是关于发展的观念在何种程度上能够推动社会高速发展，而又能尽力避免发展的负效应和代价；衡量发展的价值标准是究竟对谁有利。社会发展并非自然进化，它是包含价值创造和价值占有的过程。

发展是一个不断变化的过程，但发展环境不会一成不变，发展条件不会一成不变，发展理念自然也不会一成不变。创新、协调、绿色、开放、共享的新的发展理念是在深刻总结国内外发展经验教训、分析国内外发展大势的基础上形成的，也是针对我国发展中的突出矛盾和问题提出来的，集中反映了我们党对我国发展规律的新认识。

创新、协调、绿色、开放、共享的新发展理念，是把社会主义社会结构视为以经济为基础的相互有机联系的总体，并建立在经济发展的基础上。没有生产力的发展，没有经济的发展，没有综合国力的提高，没有社会生活其他领域的发展，就会缺乏必要的物质基础的支撑。物质资料生产方式是社会存在和发展的基础，生产力归根结底是社会发展的决定力量。社会主义最终战胜资本主义，社会主义比资本主义优越，最终体现在更高的物质生产力和生产率上，但如果经济发展是以牺牲生存环境为代价，就会得不偿失。

从价值观来说，"以人民为中心"作为创新、协调、绿色、开放、共享的发展理念的核心，同样是以社会主义社会必然性为依据的。人民群众是社会的主体，是历史的创造者。人民群众是发展的主体，也是发展的最大受益者。但在以往的历史中，人民群众的创造作用和地位受到了极大的限制。可以说，在剥削阶级处于统治地位的社会中，从来没有也不可能真正以人为本，更不可能"以人民为中心"。

"以人民为中心"在剥削阶级处于统治地位的社会是不可能的，而在社会主义社会则是社会主义发展的必然要求。以人民为中心的发展思想，体现了人民是推动发展的根本力量的唯物史观。不改善民生、关注民情、倾听民意，不使社会全体成员共享发展成果，不使发展成果更多更公平地惠及全体人民，社会主义社会是不可能长期存在和发展下去的。即使已经掌握政权，社会主义自身所包含的发展可能性也难以转变为持久的现实。因此习近平总书记特别强调树立以人民为中心的发展思想，要顺应人民群众对美好生活的向往，不断实现好、维护好、发展好最广大人民根本利益。

社会主义必然性的实现并非无矛盾的过程。资本有资本的逻辑，那就是对利润的追求；共产党有共产党的逻辑，那就是立党为公，执政为民；道德有道德的逻辑，那就是要从道德规范和道德理性的高度使个人与集团摆脱对不正当经济利益的屈从。没有对利润的追求，资本就没有活力。资本对利润追求的活力，有利于推动社会的发展。但是在社会主义社会，企业家不应该是资本的人格化，而应该是中国特色社会主义的建设者。当然，在社会主义市场经济条件下，并不是所有企业家都能自觉地践行以"人民为中心"的发展理念，而往往容易服从追求最高利润的资本逻辑支配，从而导致市无序竞争和种种假冒伪劣产品的出现。

西方资本主义市场经济也经历了很长时期的假冒伪劣产品充斥市场的发展阶段。日本、韩国的发展也是如此。美国纽约就发生过"泔水奶"的毒牛奶事件。资本主义市场经济通过市场竞争，使无良企业家声誉扫地和破产，从而迫使他们遵守市场规则。恩格斯在论述资本主义经济发展时说过："现代政治经济学的规律之一（虽然通行的教科书里没有明确提出）就是：资本主义生产越发展，它越不能采用作为它早期阶段的特征的那些小的哄骗和欺诈手段。"随着资本主义的高度发展，"商业道德必然发展到一定的水平，其所以如此，并不是出于伦理的狂热，而纯粹是为了不白费时间和辛劳"[①]。当企业由于采取不法手段牟取利润而结果得不偿失时，就会破产。这种破产的威胁迫使企业遵守市场竞争的规则。商业竞争虽然可以减少商业欺诈，但资本主义并不能消灭欺诈，而是使得欺诈越来越隐蔽、越来越危险。不久前源于美国的世界性金融危机，就是资本主义金融资本本性的一次大暴露。

社会主义市场经济当然要利用市场自身的力量，让那些无良的企业和企业家受到市场的惩罚。可是在社会主义条件下，我们不能单纯依赖市场自身的力量对不良企业和企业家给予惩罚。单纯依赖市场，结果或者是"劣币驱逐良币"，或者是企业破产，导致大量工人失业和社会震荡。这两者对社会主义社会都是不利的。"疫苗事件"引发了医药行业危机，甚至引发了对医疗卫生安全的不信任，充分表明我们不能单纯依靠市场调节和惩罚。对市场作用的盲目崇拜，实际上是使人变为规律的奴隶。

社会主义社会结构的整体性要求是，国家既要发挥必要的经济职能，又要重视社会主义法制和道德的作用。国家

---

① 《马克思恩格斯选集》第 4 卷，419 页，北京，人民出版社，1995。

监督市场体现的是社会主义国家立党为公、执政为民的性质。这不是对微观经济运行的干预，而是对企业行为的引导，是对消费者即对人民的保护。以人民为中心的理念必须化为一种控制资本逻辑的法律制度与道德规范。创新、协调、绿色、开放、共享的新发展理念也要求我们善于通过改革和法治推动贯彻落实。仅仅依靠市场优胜劣汰的规律，会延长完善社会主义市场经济的过程。这既不符合中国共产党以人民为中心的理念，也不符合社会主义社会发展规律。社会主义基本经济制度与市场经济的结合，是社会主义社会必然性与人的主动性和制度优越性的结合，是对市场规律的自觉驾驭。

在社会主义市场经济中，资本逻辑和以人民为中心并非绝对对立。因为企业家并非"经济人"，而是现实的人，生活于现实社会中，具有社会关系赋予的本性。资本本性并非企业家唯一的特性。但在社会主义社会，以人民为中心一定要制度化。没有法律规定、没有道德规范制约的市场，往往因缺乏实际操作的规范而容易流于空谈。

构建社会主义和谐社会，同样要从社会主义必然性的高度来理解。从社会主义社会自身来说，社会主义和谐社会能否建立，是社会发展是否遵循科学发展观和创新、协调、绿色、开放、共享的发展理念要求的表现。一个没有创新、协调、绿色、开放、共享的发展理念的社会，即使 GDP 高增长，也不可能保证社会主义必然性的最终实现。因为一个不和谐的社会、一个矛盾尖锐的社会肯定是危机四伏的社会。社会主义社会的和谐与社会稳定、发展是相互促进、相互支撑的，是社会主义必然性实现的重要环节。

从价值观来说，和谐社会的构建也是社会主义经济发展到现阶段的必然要求。社会主义和谐社会是不会自动实现的，它需要构建。构建是社会活动中主体的行为。我国社会主义初级阶段中存在各种经济利益群体，存在贫富差距，存在多种矛盾。构建和谐社会正是基于我国经济经过多年发展，人民生活水平得到普遍提高，但两极分化和贫富差距过大的矛盾产生的必然要求。在当代中国，构建和谐社会的领导者是中国共产党，主体是广大干部和全体社会成员。在构建社会主义和谐社会中，应该充分体现历史的必然要求与社会主义社会成员积极性的统一。习近平在《在庆祝中国共产党成立 95 周年大会上的讲话》中强调，"坚持不忘初心、继续前进，就要坚信党的根基在人民、党的力量在人民，坚持一切为了人民、一切依靠人民，充分发挥广大人民群众积极性、主动性、创造性，不断把为人民造福事业推向前进"[1]，"农业农村农民问题是关系国计民生的根本性问题，必须始终把解决好'三农'问题作为全党工作重中之重"[2]。历史

---

[1] 习近平：《在庆祝中国共产党成立 95 周年大会上的讲话》，18 页，北京，人民出版社，2016。

[2] 同上书，32 页。

证明，中国特色社会主义的成就，它的经验和每个阶段需要着重解决的问题，都推动着中国特色社会主义理论的发展。从邓小平理论到"三个代表"重要思想，再到科学发展观，再到创新、协调、绿色、开放、共享的发展理念，它的前进都蕴藏在中国历史发展的必然性要求之中。只有当历史必然性转变为中国共产党领导者的正确决策时，历史必然性的要求才能得以实现，历史必然性才不会成为一种盲目的破坏性力量。

四、社会主义历史必然性中的合规律性与合目的性

人的行为是合规律与合目的的统一，是当前哲学界比较流行的提法。我认为这一点值得商榷。人的行为要符合规律，但不一定都符合目的。事与愿违的情况太多太多。人的目的能否实现，不仅取决于诸多目的间的博弈，而且归根结底取决于主体的目的是否符合规律。社会主义必然性能否实现，并不取决于主体的目的，而是取决于主体的目的在何种程度上符合规律，包括人类社会发展规律、社会主义发展规律和执政党执政规律。我们以往的社会主义建设，凡成绩都来自对规律的正确认识和利用；相反，在"大跃进"、人民公社化运动到"文化大革命"中，事与愿违的根本原因都在于对社会主义发展规律的违背。中国社会主义建设的历

史充分证明，"合目的"是一个不断总结经验，不断经受挫折、失败，不断依据规律修改和调整目的的过程。社会主义社会的发展，应该尊重规律并不断根据对规律的新认识来调整目的，充分发挥人的主观能动性。人的行为结果是否能合目的，取决于目的是否合规律，两者之间不是并列的关系。

社会必然性与自然必然性起作用的方式不同。在自然领域，必然性的实现表现为一系列因果制约性而非目的性的参与，是纯客观的过程；社会领域是人的领域，人的目的性是社会必然性实现的主体因素，在必然性的实现中，人的目的性起着重要作用。社会发展存在着多种可能性，其中必然性、偶然性、因果性和目的性相互交错。主体对必然性自觉把握的程度，目的的正确选择和实现方式，都会影响历史必然性的实现。

众所周知，苏联共产党和中国共产党是世界上的两个大党。在苏联和中国建立社会主义制度后，社会主义基本规律都在起作用，历史并没有注定苏联必然解体，也没有注定中国社会主义必然取得如此重大的成就。苏联社会主义和中国社会主义两种不同的结局，根源于中国共产党和苏联共产党采取了不同的路线、方针、政策。

中国特色社会主义理论、旗帜和道路，引导中国社会主义沿着不同于苏联社会主义发展的方向前进，避免了苏联社会主义的命运。苏联解体后，西方国家一直期待中国成为第二个苏联，但它们等到的是中国特色社会主义的崛起。改革开放四十余年来，特别是党的十八大以来，我们"坚持稳中求进工作总基调，迎难而上，开拓进取，取得了改革开放和社会主义现代化建设的历史性成就"[1]，都证明只有社会主义才能救中国，只有改革才能发展、巩固和完善社会主义。正是党中央的坚强领导，使得中华民族的伟大复兴由理想逐步变为现实。

一种可能性的实现阻止了另一种可能性的实现，并不意味着另一种可能性的完全消失。虽然我国新时期最显著的特点是发展迅速、举世瞩目、人民满意，但习近平总书记在十九大报告中还是强调，全党和全国人民要"登高望远、居安思危"，要"勇于变革、勇于创新，永不僵化、永不停滞"。[2] 所谓居安思危既包括谦虚谨慎、不断总结经验、深化对中国特色社会主义规律的把握，也包括应对各种偶然性，即自然领域和社会领域、国际上和国内的各种难以预料的突发事件。

2016 年 7 月 1 日，习近平在庆祝中国共产党成立 95 周年大会上的讲话，在列举了我们党取得的成就的同时，告诫

---

[1]　习近平：《决胜全面建成小康社会　夺取新时代中国特色社会主义伟大胜利——在中国共产党第十九次全国代表大会上的报告》，2 页，北京，人民出版社，2017。

[2]　同上书，2 页。

我们"一切向前走，都不能忘记走过的路；走得再远、走到再光辉的未来，也不能忘记走过的过去，不能忘记为什么出发。面向未来，面对挑战，全党同志一定要不忘初心、继续前进"①。这是对登高望远与忧患意识内容的进一步明确。

对于执政的考验，我们比较熟悉，这既是个老问题又是个新问题。说是老问题，是因为中华人民共和国自成立之日起，就在经受这种考验；说是新问题，是因为随着环境的变化，执政考验的内容也在变化。

改革开放四十余年的成就证明，社会主义市场经济有利于资源的合理配置，是我国经济高速发展的广阔舞台和推手，但它同时又是一种考验。建立社会主义市场经济体制是史无前例的，有很多规律等待我们去摸索和总结。特别是在经济全球化、与世界资本主义市场相联结的情况下，如何坚持社会主义基本制度与市场经济的结合，如何应对世界资本主义市场变化的影响，如何把坚持独立自主同参与经济全球化结合起来，对党的执政能力是一种新的考验。

市场经济对各级干部来说也是一种考验。一些领导干部在改革开放和市场经济的大潮中没有经受住考验，腐化堕落，沦为阶下囚。毫无疑问，我们不会因噎废食，要继续实

---

① 习近平：《在庆祝中国共产党成立95周年大会上的讲话》，8页，北京，人民出版社，2016。

行和完善社会主义市场经济，但一定要认识到实行市场经济对干部也是一种考验。我们要反对市场对政治的入侵，反对鼓吹政治市场化。政治市场化实质上就是鼓吹钱权勾结，这与我们党立党为公、执政为民的宗旨是根本对立的。

市场经济对全体社会成员的道德和价值观也是一种考验。我们要看到市场对于调动人的主体性、能动性和回报社会公益心的积极作用，但也应该防止它对道德和价值观的负面影响，不能把金钱视为衡量一切的尺度，把市场交换关系视为人与人之间一切关系的核心。在实行市场经济的同时，应该大力宣传和树立社会主义核心价值体系。经济贫困不是社会主义，精神贫困也不是社会主义。

改革开放是完全正确的选择，不改革开放是一条死路，倒退是没有出路的。中国四十余年来的变化，得益于改革开放。"改革开放是当代中国最鲜明的特色，是我们党在新的历史时期最鲜明的旗帜。改革开放是决定当代中国命运的关键抉择，是党和人民事业大踏步赶上时代的重要法宝。"[①]但改革开放也是一种考验，是对如何正确处理坚持四项基本原则与改革开放关系的一种考验。我们不会因为改革开放中出现的一些问题而再度封闭僵化，也不会因为改革开放而陷

---

① 习近平：《在庆祝中国共产党成立95周年大会上的讲话》，16页，北京，人民出版社，2016。

入西方分化者的阴谋，走上改旗易帜的邪路。

历史自身没有目的。历史是人追求自己目的的活动。社会主义必然性不会自动实现，中国改革开放的道路仍然很漫长，我们仍然要经受长期的考验。在风云变幻的当代世界，在任重道远的当代中国，我们既要继续深化对中国特色社会主义道路的规律的认识，又要提高避免各种偶然性迷误的能力，不断提高中国共产党的执政能力和领导水平，提高全体干部增强抵御风险和防腐拒变、全心全意为人民服务的能力，激发全国人民团结奋斗、自强不息的精神。不能认为新时代中国特色社会主义建设可以高枕无忧。必然性是要通过人的活动来实现的，偶然性是不可预料的。这就是习近平强调的"治国必先治党，治党务必从严"[1]，"办好中国的事情，关键在党"[2]。

习近平告诫全党："要时刻准备应对重大挑战、抵御重大风险、克服重大阻力、解决重大矛盾，坚持和发展中国特色社会主义，坚持和巩固党的领导地位和执政地位，使我们的党、我们的国家、我们的人民永远立于不败之地。"[3] 这是一个彻底的辩证唯物主义和历史唯物主义者关于社会主

---

[1]　习近平：《在庆祝中国共产党成立95周年大会上的讲话》，23页，北京，人民出版社，2016。

[2]　同上书，22页。

[3]　同上书，7页。

义必然性及其实现方式的高屋建瓴、振聋发聩之言，教育全党全国人民要"不忘初心、继续前进"。

以辩证唯物主义和历史唯物主义为指导的中国共产党，坚持解放思想与实事求是相结合，既反对机械决定论也反对唯意志论。苏联的解体和中国特色社会主义的成就，以无可辩驳的事实证明了中国共产党人哲学思维路线的正确性。

第六章

中国特色社会主义理论与历史周期率

　　谁能料到，伴随着"阿芙乐尔号巡洋舰"炮声诞生的苏维埃政权，在经历了举世瞩目的辉煌之后，竟然灭亡了。苏联解体，社会主义制度在苏联宣告结束。历史留下的是对斯大林格勒保卫战、攻克柏林、加加林的宇宙飞船，以及其他一连串重大业绩的回忆，当然也包括对斯大林的贬谪和对苏联社会主义的种种怨言和否定。

　　谁能料到，在经历了火烧圆明园和南京大屠杀，受尽各种各样的不平等条约的屈辱，被帝国主义列强瓜分豆剖的中国，又以和平发展的新姿态自立于世界民族之林，昂首阔步走上了中华民族伟大复兴之路。

　　世界历史跌宕起伏，风云多变。历史事件难以预知，但历史有规律可循。历史没有天降的奇迹，奇迹的创造者是奋斗和觉醒的民族。习近平在党的十九大报告中强调的"不忘初心，牢记使命"，就是以理论的逻辑再现了中国人民在中国共产党领导下奋斗的历程。其中特别是关于新时代中国特色社会主义思想和基本方略、决胜全面建成小康社会、开启全面建设社会主义现代化国家新征程的论述，对于我们跳出历史周期率具有重大指导意义。

一、历史周期率问题是中国特色社会主义建设面对的新问题

历史周期率问题，是 1945 年抗日战争胜利前夕，黄炎培先生访问延安时，当面向毛泽东提出的问题。黄炎培先生问毛泽东，中国共产党能不能跳出历史上"其兴也勃，其亡也忽"的历史周期率。毛泽东回答说：可以。我们已经找到一条新路，这就是民主。只有人民监督政府，才不会人亡政息。

当时中国共产党僻处延安，国民党随时可能发动进攻，内战箭在弦上，随时会再度爆发。黄先生提出的是一种以历史经验为依据的抽象可能性，毛泽东的回答很有原则，而且这是一条最重要的原则。民主是关系到中国共产党取得政权以后政治体制建设的重大问题，也是有效防止历史周期率的一条重要保证。当时虽然还没有社会主义建设的实践经验和现实紧迫性，但毛泽东开的"民主"这味药，应该说是高瞻

远瞩，极具政治远见的，至今仍然是有效的良方。

新中国成立前夕，取得政权后如何巩固政权的问题已经摆在了中国共产党人面前。毛泽东在七届二中全会的报告中已向全党敲起警钟：可能有这样一些共产党人，他们不曾被拿枪的敌人征服过，他们在这些敌人面前无愧于英雄的称号；但是经不起人们用糖衣裹着的炮弹的攻击，他们在糖衣炮弹面前要打败仗。后来在党中央由西柏坡迁进北京城时，毛泽东又以李自成为例说，我们是进京赶考，不要考试不及格。

毛泽东的这些远见卓识，都涉及无产阶级取得政权以后的历史周期率。毛泽东关注的重点是如何巩固政权、怎样才能不走历史上农民革命因进城而腐化的老路。毛泽东在全国胜利以后，在"三反"和"五反"运动中下决心判处张子善、刘青山死刑，就是基于巩固无产阶级新生政权的战略考虑。张、刘均为革命的有功之臣，判处极刑可以比为"挥泪斩马谡"。

在社会主义政权稳定以后，如何通过社会主义建设防止历史周期率，也是毛泽东考虑的重大问题。毛泽东提出关于正确处理人民内部矛盾、关于社会主义社会基本矛盾、关于正确处理十大关系等论述，对中国社会主义建设道路和社会主义制度的巩固都具有全局性、前瞻性、战略性意义。可从总体上说，毛泽东生前的注意力，主要放在政治上、放在阶级斗争上、放在如何巩固政权上。他开展的一连串政治运动，从"反右"斗争、"反右倾机会主义"的斗争，最后发展到无产阶级"文化大革命"，就是在反修防修、巩固无产阶级专政和防止资本主义复辟口号下进行的。

"以阶级斗争为纲"、"批资产阶级法权"、"实行无产阶级全面专政"等"左"的路线和政策，伤害了大批为革命立下汗马功劳的老同志，伤害了大批知识分子。经验证明，试图通过"以阶级斗争为纲"的路线来巩固社会主义、防止历史周期率，不仅无助于社会主义制度自我完善，无助于民生的改善，最终也无助于社会主义制度真正的巩固。

这种状态能持续下去吗？农民能永远安于贫困和饥饿吗？人民能在缺乏法治的政治生态下长期"安定团结"吗？不可能。即使是社会主义国家，如果人民生活老是贫困、商品老是匮乏、人民处于名义上当家作主的地位，他们能长期无条件地、一贯地拥护社会主义吗？不会。古今中外历史经验都证明，历史周期率就是在人民逐渐积累的不满中完成它的周期的。

二、苏联社会主义失败的历史教训

我们总以为社会主义国家是铁打的江山。已经取得政权的社会主义国家仍然跳不出历史周期率，在当初是难以想象的。可苏联在社会主义革命胜利七十多年后出现的历史大倒退和最终解体，极其现实、极其尖锐地摆在人们面前，尤其是摆在中国共产党人面前。无产阶级政权可能得而复失，社会主义社会可能"其亡也忽"。

苏联社会主义失败的教训证明，社会主义是不可能单纯依靠实行无产阶级全面专政和阶级斗争来巩固的。斯大林直到逝世前，从来没有放松过阶级斗争，他曾经开展严厉的政治运动和党内斗争，可谓弄得"干干净净，纯而又纯"。但最终苏联还是解体了，苏联解体和十月革命成果的丧失，是一个极具悲剧性的历史教训。

十月革命当然是人类历史上最伟大的一次革命。有论者说十月革命与俄罗斯的历史、传统和社会性质不合，注定要失败，这难以令人信服。如果这个理由能成立，那么中国革命发生时的社会发展水平和社会性质并不比俄国十月革命时更具先进性，岂不是要引出中国也不应该实行社会主义革命，不应该夺取政权，只应该实行资产阶级民主革命，或者利用政权来建立资本主义社会的结论吗？这不算什么新创造，是从建党开始就争论过的问题。现在有些理论家们又利用苏联解体，或露骨或委婉，或直截了当或旁敲侧击地把它放在我们面前。实际上，这是把条件即使成熟该不该夺取政权和取得政权后如何进行建设这两个不同的问题，混为一谈了。列宁曾经在《论我国革命》中驳斥苏哈诺夫时讲过这个问题。至今我仍认为列宁的意见是正确的。

历史的进程是不断演变的。不应倒过去算旧账,而应各算各的账,因为各个历史事件发生的时代背景、时间、条件都不同。历史事件的主角也不同。有历史的巨人,也会有历史的侏儒。十月革命是人类革命的新纪元,是人类革命的一次伟大胜利;七十多年后的苏联解体,是社会主义伟大实践中的一次失败。从这里得出的教训,不是要不要革命的问题,而是革命后应该如何建设的问题。这个问题是后继者自己应该独立解决的问题,而不是创业者的历史任务。任何伟大的马克思主义理论家和革命家,都不可能提出一个永恒不变的治国方案,也无法保证他们开创的事业在多少年以后不会中途夭折。总之,一切事在人为。

按照中国古人的历史观,这两者一个是取天下,另一个是治天下。用贾谊《过秦论》中的话叫"攻守异势"。夺取政权是只管往前冲,不用治国,不用管饭。取得政权以后是自己当家,处于守势,即要管全国人民的衣食住行,要行良政、善法。用马克思主义历史唯物主义观点说,革命前和革命后的任务是不同的:一为破,一为立;一为革命战争,一为社会主义建设。国情不同、传统不同、国际环境不同,道路和方式肯定不可能一模一样。

十月革命是一个具有世界历史意义的伟大革命,说它完全是偶然的、是列宁的阴谋,是完全错误的说法。一个具有世界历史创举意义的伟大革命不可能纯属偶然。十月革命后取得如此巨大的成绩，苏联的发展举世瞩目，西方世界曾为之惊惶失措，说明革命是合理的，是必要的，是顺应历史潮流和符合民心的。只要苏联后继的领导者真正根据苏联的实际，妥善解决面对的各种矛盾，按照社会主义原则进行改革，它完全可能继续存在下去。历史并没有注定苏联一定要解体，注定社会主义一定要失败。

可是，在轰轰烈烈的群众革命运动中，取得胜利的俄国革命和苏维埃政权，却在国内外、党内外政治力量作用下，在群众的不满和参与下，最终垮台。为什么？斯大林执政以后，苏联取得的成就是不能否认的。连英国首相丘吉尔都说，斯大林接手的是一个使用木柄犁的国度，而他留下的却是一个拥有原子弹的国家。可他的错误也是巨大的。他的错误主要是以阶级斗争和党内斗争来巩固政权，不承认社会主义社会有矛盾，不承认需要正确处理和用不同方法解决不同性质的矛盾，而是实行专政和高压政策。斯大林的个人专权和群众对他的个人迷信，作为一个长远因素来说也对苏联解体负有一定的历史责任。但最重要的是斯大林的后继者们。他们是斯大林逝世后的当权者，他们完全有可能在反对斯大林个人迷信影响的同时，结合俄国的实际，真正按照社会主义原则，纠正斯大林和斯大林时期的错误。可他们走的是另一条路。批判斯大林个人迷信变为丑化和诋毁马克思主义和社会主义，各种错误思潮沉渣泛起。领导者们在理论和舆论上对此采取放任态度，而在经济和政治上仍然维持斯大林时期确立的原有体制，没有进行有成效的改革。这种诋毁社会主义和马克思主义舆论的泛滥，使人民思想极度混乱，无所适从；最后，当苏共领导人根本抛弃社会主义制度，推行所谓新思维和新自由主义的私有化改革方针时，人民面对苏联共产党解散、社会主义失败，或袖手旁观，表现为一种政治冷淡主义，或走上街头积极参与，表现为一种非理性的狂热主义。水可载舟，亦可覆舟。这个历史规律在社会主义的苏联同样在起作用。

按照历史唯物主义观点，十月革命的发生是必然，七十多年后苏联的解体也是必然。这两个必然性之间表面上似乎矛盾，如同水火冰炭，实际上是可以并存的。历史必然性并不是外在于人的活动之外的命运之神。十月革命的必然性存在于第一次世界大战后俄国面对的各种错综复杂的矛盾之中，当二月革命后成立的临时立宪政府无法解决战争、土地和面包问题时，无产阶级革命和人民的起义是必然的。而苏联解体和社会主义失败的必然性，则存在于长达三十多年的"后斯大林"时期苏共自己的活动之中。苏联解体和社会主义失败，是苏联共产党自己的路线和政策一步一步筑就的。由戈尔巴乔夫宣布解散苏联共产党、由叶利钦彻底破坏社会主义大厦的基础和马克思主义意识形态的断壁残垣，由两个曾经是苏联共产党的当权人物来埋葬苏联和社会主义，这些都生动地说明，在社会主义国家，埋葬社会主义的只能是处于执政地位的共产党本身及其领导者。在社会主义国家处于执政地位的共产党的路线、方针、政策，是决定社会主义国家前途和命运的关键。有学者说制度是决定性的。其实制度是可以改革的，而决定有没有勇气进行改革、如何改革、朝什么方向改革的是共产党人以什么理论作为指导，奉行什么样的路线、方针和政策。

毛泽东当年把中国革命的胜利，比作万里长征的第一步。这个比喻现在想起来，确有远见。革命胜利以后，在长期社会主义建设中可能存在的问题和危险，以及实际情况的复杂性，确实要比夺取政权时严重得多。

三、中国特色社会主义理论的伟大创新

无产阶级革命时期、夺取政权时期，革命的领导者包括革命群众都抱有伟大的理想，这是很容易理解的，社会理想正是革命信仰的精神动力。可是革命胜利后，如何利用手中的政权来实行自己的社会理想，这需要重新根据实际情况而不仅仅是根据革命时期的理想来决定现实政策。因而什么是社会主义和如何建设社会主义，这是无产阶级胜利后必然面对的问题。真正的社会主义社会，必须是一个生产力高度

历史唯物主义与中国道路

发展的社会，是人民当家作主的社会，是一个人民的物质和文化生活水平不断得到提高的社会。这样的社会主义是不可能一蹴而就的，更不可能单纯依靠阶级斗争来建设和发展。

当然，密涅瓦的猫头鹰黄昏时才会起飞。智慧老人的脚步总是比现实来得要迟些。历史活动中的人需要经验，需要教训，需要积累，需要停下来反思自己走过的路。在新中国经历近三十年的长期摸索之后，在经历挫折之后，在总结国际社会主义实践经验之后，邓小平终于发现，在中国真正建设社会主义，必须坚持科学社会主义基本原则和中国实际相结合，首先要弄清什么是社会主义和如何建设社会主义。我们一些政策性错误和挫折，都是源于急于改变中国一穷二白状况的理想和愿望，不了解我们正处于社会主义初级阶段，从而脱离中国的实际，脱离中国国情。

邓小平把科学社会主义基本原理与中国实际相结合，创造性地提出了社会主义本质论，初步解决"什么是社会主义、如何建设社会主义"的问题，形成了"一个中心、两个基本点"的路线，迈开了改革开放步伐，从此，中国社会主义踏上了举世瞩目的飞速发展道路，中国龙开始腾飞。如果没有这个伟大的转折，不从"以阶级斗争为纲"转向以经济建设为中心，搞改革开放，在内外政治势力鼓动下，中国有可能以另一种方式重蹈苏联的覆辙。谁也无法保证历史周期率不会在中国重演。

从科学社会主义理论和实践角度说，中国特色社会主义理论和道路解决了三大问题：第一，找到了发展社会主义的道路；第二，找到了中华民族伟大复兴的道路；第三，找到了社会主义社会跳出历史周期率的道路。这三个问题是相互联系的。只有改革开放才能发展社会主义，只有社会主义的自我完善和发展才能真正巩固社会主义，从而跳出历史周期率。这个过程，同时就是中华民族的伟大复兴过程。但其中历史周期率问题又具有特殊重要的研究价值。因为它从理论上打破了一个错误的观念，即社会主义社会似乎注定是稳固的铁打江山，老百姓会天然地拥护"社会主义"，从而使处于执政地位的中国共产党人，提高了对立党为公、执政为民和不断提高执政能力重要性的自觉意识。

中国特色社会主义理论，无论在马克思主义发展史还是社会主义实践史上，都是一个伟大的创造。经验证明，坚持中国特色社会主义道路，既是最有效的防止历史周期率的道路，也是坚持、发展和完善社会主义和实现中华民族伟大复兴之路。

中国特色社会主义理论是一个与时俱进的科学体系。其中对跳出历史周期率的探索，也是一个过程。毛泽东在社会主义政权处于国外敌人包围、国内仍存在反动政治势力、新生政权立足未稳时，着眼于从政治上巩固政权，强调阶级斗争具有一定的历史合理性。但以它为纲，把它作为整个

　　　　　　　　　历史唯物主义与中国道路

社会主义时期的指导思想，则必然会导致政治上不着力于民主和法治建设，社会主义制度的优越性不可能得到充分发挥。毛泽东等第一代领导人为社会主义的改革开放奠定的经济和政治基础，我们永远不能忘记，但"以阶级斗争为纲"的路线和政策的错误，不能继续。以经济建设为中心、着眼于解放生产力和发展生产力等一系列理论和政策构成的邓小平理论到"三个代表"重要思想，再到科学发展观、习近平新时代中国特色社会主义思想，开辟了跳出历史周期率的新途径。

党的十八大以来，在以习近平同志为核心的党中央领导下，我们党进一步推进马克思主义中国化，发扬马克思主义与时俱进的品格和在实践基础上的理论创新，形成了习近平新时代中国特色社会主义思想，是全党全国人民为实现中华民族伟大复兴而奋斗的行动指南。

中国特色社会主义实践在国内的经济建设、政治建设、文化建设、社会建设、生态文明建设以及党的建设各方面取得了重大成就，在国际上倡导的构建人类命运共同体和"一带一路"倡议，极大地提高了中国的国际地位和话语权。这一切的成就，都是在以习近平同志为核心的党中央治国理政新理念、新思想、新战略指导下取得的。可以说，没有理论创新，就不可能有政治勇气和强烈的责任担当，也无法提出新的重大方针和一系列重大举措。

我们党解决了许多长期想解决而没有解决的难题，办成了许多过去想办而没有办成的大事，这都与理论创新密不可分。中国特色社会主义在实践上的成就与理论创新是相辅相成的。中国特色社会主义实践促进和推动了理论创新，而理论创新又进一步指导了中国特色社会主义实践。理论的力量是巨大的，党的十八大以来，党的创造力、凝聚力、战斗力和领导力、号召力显著增强，这是理论创新力量的体现。

党的创造力，说到底就是我们党与时俱进、因时而变、因事而变采取正确应对方针政策的能力。这种力量源于正确的理论和理论的创新。只有创新的理论才能发挥党的创造力，才能既不会因墨守成规而裹足不前，也不会因理论混乱而改旗易帜。一个党失去创造力注定是要衰败的。过去先进并不注定永远先进，过去成功并不注定永远成功，关键在于有永葆青春的创造力，必须保持理论的不断创新。这正是我们党成功的秘密所在，更是党的十八大以来取得巨大成就的秘密所在。

党的凝聚力，体现在全党紧密团结在以习近平同志为核心的党中央领导下；党的凝聚力也是全国各族人民的凝聚力，体现在全国人民团结在中国共产党领导下。凝聚力是向心力，它源于正确理论的指导。理论的力量是最强大的思想黏合剂，坚持正确理论，不断创新理论，全党才能步调一致，才能不断增强党的凝聚力。

党的战斗力，既是健全的党的组织力量，更是一种理论力量。理论战斗力，就是抵御一切有害于中国社会主义建设和政权巩固、诋毁中国道路的错误理论和西方价值观侵蚀渗透的力量。苏联解体的历史教训证明，没有正确的理论指导，必然导致全党思想混乱，进而导致行动上的混乱，丧失战斗力、溃不成军或不战而降。坚守马克思主义理论阵地、坚守理论创新阵地、坚守社会主义意识形态阵地，必须坚持理论创新，坚持发展 21 世纪的马克思主义、当代中国马克思主义，不断取得中国特色社会主义理论的新成就。

一个马克思主义政党的领导力，同样取决于它的理论创新能力。没有正确理论指导和理论创新，是不可能有领导力的。尤其是面对风云变幻的世界局势，面对国内复杂矛盾和重重险阻，如果缺乏理论支撑我们便会束手无策。无论面对国内深化改革的繁重任务，还是面对多变的国际形势，我们党都能应对自如，不断向世界舞台的中央迈进，原因就是在于党的十八大以来以习近平同志为核心的党中央的理论创新。这种理论创新表现在出台了一系列新举措、新政策，表现在中国取得的一系列伟大成就，而这也是党的领导力更加巩固、更加有力的体现。

自古以来，得人心者得天下。我们党是为人民服务的党。十八大以来，我们党一直强调以人民为中心，全面从严治党，大力反腐倡廉，精准扶贫，围绕住房、医疗等关系百姓切身利益的方方面面，不断调整政策、改进措施，得到全国人民的拥护和支持。政策执行坚决彻底、成效十分显著，这充分体现了中国共产党的号召力。

四、登高望远和居安思危

改革开放四十余年来，特别是十八大以来，我们各项事业的伟大成就都证明，只有社会主义才能救中国，也只有改革才能发展、巩固和完善社会主义。在当代中国，坚持中国特色社会主义理论体系，就是坚持马克思主义。坚持中国特色社会主义，就是坚持社会主义。

新时期最显著的特点是发展迅速。我们已经取得如此重大成绩，举世瞩目，全民满意。为什么还要居安思危呢？这不是从一般道理上说的。凡居安必须思危，这是我们历史的经验和先哲们的教训。这里说的不是抽象的哲学道理而是实际的"安与危"的问题，这是值得忧虑的问题。在世界上，挑战和机遇并存，机遇多于挑战；在国内，成绩多于问题，问题是前进中的问题。只要有机遇，就会有挑战，挑战存在于机遇中；只要有矛盾，就会有问题，问题存在于矛盾之中。

十九大报告中明确指出："实践没有止境，理论创新也没有止境。世界每时每刻都在发生变化，中国也每时每刻都在发生变化，我们必须在理论上跟上时代，不断认识规律，不断推进理论创新、实践创新、制度创新、文化创新以及其他各方面创新。"① 习近平总书记指出："党的十八大精神，说一千道一万，归结为一点，就是坚持和发展中国特色社会主义。"在中国，基本实现现代化需要几十年，决胜全面建成小康社会需要几十年，巩固社会主义制度需要几代人甚至几十代人坚持不懈的努力。这是很长的历史时期。要应对国际局势的变化，要克服国内各种矛盾和困难，需要一代又一代人始终不渝、毫不动摇地坚持中国特色社会主义道路。这是一条存在困难和风险的道路。我们必须登高望远并居安思危。

风险存在于何处？既有来自客观困难的风险，更有应对风险的能力和决策的主观的风险。当前，国内外形势正在发生深刻复杂变化，我国仍处于重要发展战略机遇期，前景十分光明，挑战也十分严峻。但对我们来说，在研究客观风险时，更应着重化解风险能力的研究，这就是关于全面从严治党及科学的思想方法和工作方法。

1. 关于全面从严治党

（1）中国共产党是中国特色社会主义事业的领导核心

中国共产党是高度重视自身建设的党，无论是在革命

---

① 习近平：《决胜全面建成小康社会　夺取新时代中国特色社会主义伟大胜利——在中国共产党第十九次全国代表大会上的报告》，20页，北京，人民出版社，2017。

时期还是在社会主义建设时期都是这样。特别是改革开放以后，建设什么样的党和怎样建设党，成为中国特色社会主义科学理论体系的重要组成部分。立党为公，执政为民，是我们党的宗旨。在当代中国，我们党不仅是执政的党，而且是在领导改革开放伟大革命的党。"中国特色社会主义是我们党领导的伟大事业，全面推进党的建设新的伟大工程，是这一伟大事业取得胜利的关键所在。"① 我们的任务更艰巨、更困难，但我们所处的环境完全不同于战争年代，目前经济成分多样化，分配方式和就业方式发生了重大变化，党员来自不同阶层。在一个社会主义国家，最大的风险可能来自执政党自身。我们党作为中国工人阶级先锋队，只有永远保持中国人民和中华民族先锋队的本质，成为中国特色社会主义事业领导核心，坚持党的基本路线，高度重视加强党的自身建设，才能成为化解前进中任何风险的决定性力量。"打铁还需自身硬"，"中华号"巨轮乘风破浪、顺利前行，关键靠党来掌舵，靠党来掌握方向。要坚持治国必先治党、治党务必从严，提高管党治党的能力和水平，靠"自身硬"凝聚起不可战胜的磅礴力量，创造无愧于历史的辉煌业绩。②

---

① 中共中央宣传部：《习近平总书记系列重要讲话读本》，101 页，北京，学习出版社、人民出版社，2016。
② 同上书，106 页。

（2）坚持以零容忍态度惩治腐败

一个社会的状况如何，人民是否满意，是否拥护，最重要的在于"吏治"。柳宗元在《答元饶州论政理书》中说过，对国家危害最大的是"贿赂行而征赋乱"。这当然是指封建社会。但这种说法对我们的干部队伍建设也有警示意义。在我们国家，党的正确路线确定以后，干部具有决定意义。中国特色社会主义的旗帜，各级干部首先要高高举起；中国特色社会主义的路线、方针、政策，各级干部首先要去贯彻落实。没有一支全心全意为人民服务的高素质、高水平的干部队伍，坚持中国特色社会主义伟大事业和道路就有可能遇到挫折。改革开放以来，我们党干部队伍的文化水平、才能和政治素质都有很大提高。但毋庸讳言，一些干部中存在的权钱勾结、腐化堕落现象，也是触目惊心的。

尤其是高官纷纷落马，更是令人忧虑。我们党一直强调，反腐败是关系党和国家命运和前途的大问题。十九大报告中再次强调："坚决纠正各种不正之风，以零容忍态度惩治腐败，不断增强党自我净化、自我完善、自我革新、自我提高的能力，始终保持党同人民群众的血肉联系。"[1]十八大以来，我们党以零容忍的态度重拳反腐，坚持"老虎""苍蝇"一

---

[1] 习近平：《决胜全面建成小康社会　夺取新时代中国特色社会主义伟大胜利——在中国共产党第十九次全国代表大会上的报告》，26页，北京，人民出版社，2017。

起打，使不敢腐的震慑作用充分发挥，不能腐、不想腐的效应初步显现，反腐败斗争压倒性态势正在形成。[①] 但反腐败仍然是一项长期的、复杂的和艰巨的任务。我们应该认识到，腐败是"居安思危"中的重要问题，是对社会主义国家的重要威胁。

2. 关于马克思主义理论建设问题

苏联社会主义失败之前，经历了很长一段思想混乱和各种错误思潮占领舆论阵地的时期。理论阵地和舆论阵地是最重要的。理论的混乱，必然是由于思想的混乱，而思想混乱，必然导致行动的混乱。

中国共产党是一个一贯重视理论建设和马克思主义理论队伍建设的党。社会主义核心价值观在不断践行和培育，马克思主义理论研究和建设工程取得明显成效。但在全面准确地理解习近平新时代中国特色社会主义思想的科学体系方面，仍然有许多需要认真研究和澄清的问题。就我们从事的马克思主义理论工作的职业性质和承担的任务来说，除了认真学习、宣传十九大文件，宣传习近平新时代中国特色社会主义思想外，还需要承担从理论上研究十九大提出的一系列重大理论问题的重要任务。

例如，市场经济的经济运行方式是社会化大生产的共

---

① 中共中央宣传部：《习近平总书记系列重要讲话读本》，122 页，北京，学习出版社、人民出版社，2016。

同特点，某些共同点不能成为否定市场经济总是与特定制度相结合的所谓"普世性依据"。事实上它是而且必须是与不同社会制度相结合的。中国明确坚持和发展中国特色社会主义，如果不是遵照"在发展中保障和改善民生"，而是任由两极分化加剧和阶级对立产生，就不能真的实现"以人民为中心"。历史证明，资本主义社会阶级的分化，就是在资本主义市场经济中强化和最终形成的。在中国，只有由社会主义基本制度这只"看得见的手"来调节"看不见的手"，市场经济才能有效地发挥它的建设中国特色社会主义的功能。反对社会主义市场经济而企图重新回归计划经济的"左"的观点是错误的，倒退是没有出路的；但企图使市场经济摆脱社会主义基本制度，同样是错误的。

再如，有的理论家强调民主的普世性。表面看来，资本主义是民主制度，强调民主；社会主义同样应该是民主政治。民主这个"德先生"，西方有，中国也应该有。这是毫无疑问的。可以说，社会主义需要民主本来是马克思主义基本原理。列宁在《论面目全非的马克思主义和"帝国主义经济主义"》中甚至说："胜利了的社会主义如果不实行充分的民主，就不能保持它所取得的胜利，并且引导人类走向国家的消亡。"[1] 毛泽东早在延安时期就把民主作为防止历史

---

[1] 《列宁全集》第 28 卷，168 页，北京，人民出版社，1990。

周期率的有效工具的论断，也是理论界众所周知的。

当然，民主作为当代政治文明会有某些共同点，例如票决制、少数服从多数、公民的普遍参与等，但西方的民主与中国特色社会主义的民主政治内涵有着根本的不同。西方的民主是选举的民主，是多党制的民主。在西方，一人一票的民主并不能真正代表民意和人民利益。选出的并不是人民利益的代表，往往是政治家甚至是政客，是某个特定利益集团的代表。这就是为什么大财团愿意"出血"支持某个竞选人的"秘密"。至于多党制也是如此。"你方唱罢我登场"的民主，对西方资本主义制度是有效的、有利的。因为它能通过换马来"纾困"，平息人民的不满和燃起对新一届政党政府的"希望"。这种"纾困"和"希望"不断交替，对资本主义长期维持自己的统治是有利的。难怪马克思主义经典作家称民主制是资本主义"最好的"统治形式，是资本主义制度最好的"外壳"。

我们能照抄西方多党制的民主吗？能满足不管选出的是不是政客，是不是特定利益集团代表人物都无关紧要，而只要一人一票就算是"民主"吗？当然不能。中国特色社会主义政治发展的必然要求是中国共产党的领导、依法治国和人民当家作主的有机统一，这三者不可分。其中，人民当家作主是社会主义民主政治的本质和核心，而它的实现程度和方式，是衡量社会主义民主成熟与否的重要尺度。至于用多党制来代替中国共产党领导的多党合作和政治协商制度，用西方政党不参与政府来取消中国共产党的执政地位，都会根本改变中国特色社会主义的"社会主义"性质。

如果我们在理论上把民主和市场当作普世价值，否定民主的社会制度本质、否定在中国市场经济必须与社会主义基本制度相结合，其后果是显而易见的。这一点任何一个稍有马克思主义基本常识的人都懂。西方理论家和政治家们在不断"教育"我们。当年东欧开始改革时，西方有位高水平的理论家为他们提出一个包治痼疾的药方，就是最简单的两味药：市场和民主。他所谓市场就是资本主义的市场经济，所谓民主就是西方多党制和议会制民主。药效如何，世人皆知。

社会保障、全民共享、社会福利，这是科学社会主义关于社会主义理想的题中应有之义。马克思当年在《哥达纲领批判》中论述关于不折不扣的劳动所得时，明确指出，社会主义国家必须从总劳动所得中扣除，分为"再生产和扩大再生产部分"，以应对"社会不幸事故和自然灾害"，还特别强调，要"用来满足共同需要部分，如学校，保健设施等"，"为丧失劳动能力的人等等设立的基金"。马克思指出，"同现代社会比起来，这一部分一开始就会显著地增加，并随着新社会的发展而日益增长"[1]。可见，社会福利、社会保障

---

① 《马克思恩格斯选集》第 3 卷，303 页，北京，人民出版社，1995。

和全民共享，是社会主义的重要特征。

事实也是这样。无论斯大林有多少错误，苏联为全民的医疗、教育、住房保障的投入仍然为现在的俄罗斯人所怀念。就中国来说，毛泽东时期有过"左"的政策，但是作为新成立的社会主义政权，中国共产党还是在低水平的基础上实行一定的社会福利和社会保障，如免费教育、医疗和廉价的房租等。我们实行的是低工资制，但社会保障部分占的份额并不太小。任何一个没有政治偏见的人都应该承认，中国共产党从新中国成立起，就以全心全意为人民服务为宗旨，注意社会福利和社会保障，只是由于历史条件和实践经验的局限，由于"平均主义"和其他"左"的错误阻碍生产力的发展，社会保障和社会福利总体仍然是低水平的，而且覆盖面较小，广大农村的教育和医疗养老问题，并没有得到非常妥善的安排。

社会福利和社会保障并不是判别社会制度性质的标准。毫无疑问，西方发达资本主义社会，与早期资本主义相比，在社会福利和社会保障方面有很大变化。尤其是一些人口少、经济发达的资本主义国家，更是如此。恩格斯在1892年为他的早期著作《英国工人阶级状况》所写的德文版第二版序言中说："现代政治经济学的规律之一（虽然通行的教科书里没有明确提出），就是：资本主义生产越发展，它就越不能采用作为它早期阶段的特征的那些小的哄骗和欺诈手段。"① 这表明恩格斯晚年已经看到了资本主义发展的这种趋势。原因是多方面的：生产的发展和科学技术的发达，劳动者创造的社会财富大量增加；社会主义国家的存在以及马克思主义对资本主义剥削的揭露所造成的理论和社会压力；工人运动传统和工会组织的力量；资本主义社会统治经验和调节社会矛盾的方法更趋成熟，等等。这是一种社会合力的作用。社会性福利和社会保障的提高，对资本主义社会的稳定和发展有利。

我们实行社会福利和社会保障制度，不是向西方民主社会主义靠拢，而是体现了科学社会主义的本质要求。邓小平社会主义本质论中的"共同富裕"，就是其中最重要的内容。只是由于我们目前还处于社会主义初级阶段，社会福利和社会保障体系还有待完善。但十八大以来，党中央坚持以人民为中心执政理念，把民生工作和社会治理工作作为社会建设的两大根本任务，高度重视、大力推进，改革发展成果正更多更公平惠及全体人民。②

社会是复杂的，充满各种偶然性。各种不可预见的风险都有可能发生。新时代中国特色社会主义思想博大精深，中国特色社会主义理想宏伟壮丽，可中国特色社会主义道路

---

① 《马克思恩格斯选集》第4卷，419页，北京，人民出版社，1995。
② 参见中共中央宣传部：《习近平总书记系列重要讲话读本》，212页，北京，学习出版社、人民出版社，2016。

不是平坦的，它会遇到各种新问题。因此，要继续解放思想，坚持改革开放。只要我们毫不动摇地坚持马克思列宁主义、毛泽东思想和中国特色社会主义理论体系，就能化解各种风险。

理论问题是极其重要的。无须讳言，理论领域各种倾向都有。"左"的路线和思潮在中国造成的危害和停滞绝不能重复。但鼓吹突破公有制主体地位，取消所谓"一党专政"，放弃马克思主义在意识形态领域指导地位，也极具危害性。作为马克思主义理论工作者，我们应该抵制和澄清"左"的和右的思想和理论，深入研究十九大报告中基于历史经验和现实实践做出的科学判断和提出的一系列重大理论问题，这是历史和时代赋予我们的责任。

第七章

马克思主义中国化经验的实践解读

一、当代中国最具理论性和实践性的课题

在中国共产党领导中国革命和建设长达九十多年的历史中，我们党在不同时期会面对不同的实践和理论问题。但有一条根本原则是不变的，也是不能变的，这就是马克思主义中国化，而且必须中国化。这可以说是我们党在任何时期一切事业兴衰成败的生命线。

由于坚持马克思主义中国化的思想理论路线，中国共产党取得了民主革命胜利，确立了社会主义基本制度，尤其是四十余年的改革开放时期，我们取得了全球瞩目世人震惊的伟大成绩。当前，我们应该总结马克思主义中国化的基本经验，排除新自由主义、民主社会主义、新保守主义以

及"左"的干扰，高举新时代中国特色社会主义思想旗帜，沿着建设中国特色社会主义道路，坚持解放思想，实事求是、与时俱进、求真务实[①]，继续推进马克思主义中国化的历史进程。这是关系到中国社会主义的前途和命运的重大问题。

从世界范围看，马克思主义中国化也是关系到马克思主义理论在世界的前途和命运的问题。历史经验证明，马克思主义在世界的影响的扩大与缩小，往往与社会主义运动的胜利与挫折、高潮与低潮紧密相连。苏联解体和东欧剧变给马克思主义带来了重大损害，而中国革命和建设特别是改革开放的成就重新在世界上高高举起了马克思主义真理的"明灯"。从这个角度说，马克思主义中国化是一个既具有中国意义又具有世界意义的课题。可以说，在马克思主义基本理论建设中，马克思主义中国化是最具理论性和实践性的问题，值得马克思主义理论工作者倾注全力进行认真研究。马克思主义中国化的基本经验是个大题目，也是个最有理论深度、难度和高度的问题。这个问题可以从多学科、多角度进行研究。接下来我将用历史唯物主义观点，从实践的视角对马克思主义中国化基本经验中的几个重大问题进行分析。

---

① 参见习近平：《决胜全面建成小康社会　夺取新时代中国特色社会主义伟大胜利——在中国共产党第十九次全国代表大会上的报告》，18页，北京，人民出版社，2017。

二、立足变化着的实际

就马克思主义中国化来说，也可以说是马克思主义"化"中国。这里"化"是动词，是改变。它表明马克思主义中国化，首先是用马克思主义来"化"中国，也就是说用马克思主义来改变中国，用马克思主义指导中国革命和社会主义建设。可同时马克思主义中国化，又是中国"化"马克思主义，即用中国的实践经验以及被升华为中国革命和建设的新理论来丰富和发展马克思主义。马克思主义中国化的成果，可以说是马克思主义"化"中国和中国"化"马克思主义相结合的产物。

离开中国革命和建设的实践，就不可能也不需要用马克思主义来"化"中国，而不用马克思主义来"化"中国，就不可能有对中国革命、对社会主义建设改革实践经验的理论总结。正是由于马克思主义中国化的伟大成果是马克思主义与中国革命实践相统一的产物，因此在马克思主义中国化的进程中，谁处于领导中国革命和建设的共产党的领袖地位，谁就最有可能在马克思主义中国化的进程中处于最重要的地位。

这并不是像一些人说的，只有领袖才拥有发展马克思主义的"特权"。马克思主义本来是革命的学说，是实践的学说。革命领导人所处的总揽全局、指导实践第一线的地位，中国革命战争、建设和改革开放的丰富实践经验为他们提供了丰富的材料——成功的经验和失败的教训，并要求他们不断在总结经验的基础上构建适合中国的马克思主义理论。如果处于最高领导地位，却在马克思主义与中国实际相结合这一事关革命和建设成败的根本问题上无所作为，不知道在中国应该如何做，甚至由于教条主义或经验主义以及其他错误理论的影响背离马克思主义，导致革命的失败或社会主义事业的挫折，就会被革命实践的浪潮所吞没。在中国共产党内，曾经有多人担任过党的总书记职位，包括王明在内，他们对中国革命事业所造成的损失证明，并不是处于领袖地位就拥有发展马克思主义的"政治特权"，就必然成为马克思主义中国化伟大成果的创造者。事实上可以倒过来说，如果不走马克思主义与中国实际相结合的道路，不在马克思主义中国化方面取得重大成果，引导中国革命和社会主义建设走上胜利的道路，就会在使革命遭到失败的同时失去自己的领袖地位。

历史可以选择领袖，历史也可以抛弃领袖。中国革命战争和建设的历史，同时就是把对马克思主义中国化具有重大成就的人确立为领袖或核心人物的过程。而这种站在实践第一线并总揽全局的地位，又为他们提供了各种有利条件和可能性，在马克思主义中国化方面取得重大成果。这可以说是双向选择和双向互动的过程。所以对领袖人物成为马克思主义中国化伟大的缔造者的分析，应该是历史唯物主义观点。脱离中国革命与建设的全部历史进程，单纯用权力来解释他们成为马克思主义中国化伟大成果的创造者的"权力决定"看法是非历史唯物主义的观点。

我们强调马克思主义是无产阶级革命学说，不是在书斋里进行纯学术研究的产物，这绝不意味着马克思主义中国化不需要研究理论，因为马克思主义既是革命的学说又是科学的学说。马克思和恩格斯就是伟大的学者，恩格斯称马克思是"科学家"。实际上马克思和恩格斯一生都在进行科学研究工作。但是马克思和恩格斯的科学研究的特点是立足现实，面对时代问题，为无产阶级和人类解放寻找理论支撑。早在1845年1月20日，恩格斯在致马克思的信中就非常明确地说出了他们进行科学研究的目的，他说："目前首先需要我们做的，就是写出几本较大的著作，以便给许许多多非常愿意干但自己又干不好的一知半解的人以一个必要的支点。你的政治经济学著作，还是尽快把它写完吧，即使你自己还有许多不满意的地方。"他在谈到自己时也说"我的关于英国的著作当然也不会不起作用"。他批评德国的理论界，"我们这些德国理论家还根本不能发挥我们的理论，我们甚至还没有发表批判荒谬言论的文章——这是可笑的，但这是时代的标志，是德国的民族污泥分解的标志。而现在正是时候了。因此你一定要在 4 月以前写完你的书，要像我那样做"①。马克思和恩格斯把科学研究与革命活动如此完美地结合在一起，可以说在世界上没有人能达到这样的高度。马克思和恩格斯不仅指导布鲁塞尔共产主义通讯委员会的工作，改组德国正义者同盟，而且共同写作了使资本主义旧世界大为震惊的《共产党宣言》。马克思在欧洲 1848 年革命失败以后"退入书房"，在伦敦以四十年时间从事《资本论》写作，数易其稿，光手稿数量之多就足以使人震惊。即使如此，马克思仍然首先是革命家。他在埋头著述的同时，密切关注革命形势，参与工人国际组织的建立，关注法国巴黎公社革命，帮助流亡者，即使晚年仍关注俄国革命，写了著名的《给〈祖国纪事〉杂志编辑部的信》，论述了俄国革命的道路。至于中国，马克思也极其关注。在《纽约每日论坛报》发表的一系列关于中国的评论中，他对侵略中国的西方列强尤其是发动鸦片战争的英国予以猛烈抨击，对既反对封建又反对"洋人"的太平天国革命给予同情和支持。

恩格斯也是一样。恩格斯与马克思一道领导建立工人革命的组织，但他也同时从事科学研究，不仅是社会科学，他对自然科学也有很高的造诣。他曾用八年时间从事自然科学研究，他的自然科学水平尤其是科学哲学的水平是同

---

① 《马克思恩格斯全集》第 27 卷，18 页，北京，人民出版社，1972。

时代的自然科学家所无法企及的。恩格斯的许多著作都是经典性的著作。尽管《反杜林论》、《自然辩证法》、《费尔巴哈论》具有论战性，但丝毫没有降低它的科学品位，都是极高水平的学术著作。至于《家庭、私有制和国家的起源》，可以称为历史唯物主义社会学的奠基之作。立足实践，绝不是轻视理论，这是马克思和恩格斯留下的宝贵传统。

对中国共产党人来说，情况也是一样。马克思主义中国化首先是要用马克思主义"化"中国，没有高水平的马克思主义理论素养是根本不可能的。既要立足中国国情又要有马克思主义理论水平，两者缺一都"化"不成。毛泽东就是伟大的马克思主义理论大家，在马克思主义理论方面卓有建树。他写的《实践论》、《矛盾论》、《关于正确处理人民内部矛盾的问题》、《论十大关系》、《中国革命战争的战略问题》、《论持久战》等，都在马克思主义发展史和马克思主义军事思想史上占有重要地位。可以说中国化马克思主义伟大成果的创立者，都在不同程度上对马克思主义理论本身有着精湛研究。这是他们能够把马克思主义中国化的理论条件。我们不能无限夸大领袖个人的作用，但领袖人物个人的理论才能和对马克思主义著作和原理的精通，以及应用的娴熟，肯定都是非常重要的。

而且我们应该看到，立足实践这个原则既是唯物主义的又是辩证法的原则。实践始终是处于变化中的。因此马克思主义中国化的伟大成果，总是立足于变化着的实践，面对不同时期的问题，总结新的经验，提出新的论断。立足变化着的实际非常重要。如果不是立足变化着的实际，与时俱进，马克思主义中国化就会半途而废。所以在马克思主义中国化过程中始终存在一个解放思想的问题。解放思想是我们党的思想路线的本质要求，是我们应对前进道路上各种新情况、不断开创事业新局面的一大法宝。我们之所以强调十八大以来的创新理论，强调创新、协调、绿色、开放、共享的发展理念与经济发展新常态、社会主义文化强国建设，以及一系列相关理论的意义，原因就在于马克思主义中国化必须立足于变化着的实际，而不能一劳永逸。它必须立足实际、在解放思想中不断向前推进。

我们的理论的旗帜没有变，仍然是马克思主义，这是从马克思和恩格斯开始就一脉相承的。当然中国有自身的特点，为了突出这个特点，我们将其称为中国化的马克思主义，从毛泽东开始就是这样。从邓小平开始出现了新的特点，迈开了改革开放的步伐，我们将其称为中国特色社会主义理论。这个特色理论至今未变，坚持中国特色社会主义理论的旗帜，坚持走中国特色社会主义道路，在中国就是坚持马克思主义。马克思主义当然要与时俱进，但这不是旗帜的变化，而是根据面对的不同的时代特征、国际环境和国内具有的阶段性和全局性的问题，采取符合某一阶段特点的具有创新价值的新的观点、新的方针、政策。这种变化，是立足变化着的实际的结果，与领导人的变化并无必然相关性。只要坚持实事求是原则，情况变化，必然要提出新的理论和观点，制定新的政策，否则就背离了马克思主义。任何具有创新思维的马克思主义领导人，面对当前中国的国情和新的社会矛盾以及人与自然的矛盾，同样都要强调创新、协调、绿色、开放、共享的发展理念，坚持全面深化改革，坚持以人民为中心，坚持在发展中保障和改善民生，坚持人与自然和谐共生，关注社会和谐。时势使然，这是历史唯物主义的原则，并不以领导者个人意志为转移。区别是，英明的领导者能及时发现矛盾，调整政策；反之，则会使矛盾激化。

三、判断真假马克思主义的唯一标准

有人问，马克思主义是"一"还是"多"？马克思主义可不可以有不同学派？马克思主义当然不能说只是列宁、毛泽东一家一派一系，其他都是异类。可又不能抽象地说，马克思主义是"多"，任何学派只要自称马克思主义都可归属于马克思主义之中。现在有人就说，马克思主义有西方马克思主义、苏俄马克思主义即斯大林模式的马克思主义、东欧新马克思主义、南斯拉夫实践派马克思主义、西方民主社会主义，如此等等，它们都是马克思主义的学派，任何人

都无权把别的马克思主义学派"革出教门",否则就是缩小队伍,是"关门主义"。我认为这种说法具有片面性。

是不是马克思主义应该有自己的标准。这个标准不是经典文本的引证,不是政治权力,不是谁的衣钵真传。照我看,衡量是否属于马克思主义的派别,标准仍然是实践。凡是主张马克思主义与各国实际相结合的,以马克思主义关于无产阶级和人类解放为最高使命的学派都属于马克思主义学派。即使它们之间存在某些观点的分歧,如对革命的方式、道路的选择,对社会主义建设与方式的不同选择,或对某些观点的解释,各自存在不同的看法都是正常的。因为这种分歧是由各自所处的实际环境和面对的问题不同而产生的。关键是不否定无产阶级和人类解放这个总的方向和历史使命,任何为资本主义社会和资本主义私有制永恒化和合理化辩护的理论,任何抽象赞扬自由、平等、博爱的理论,无论怎样摇晃马克思主义的旗帜都是非马克思主义的学派。

所以马克思主义学派不是纯学术领域中的学派,而应该是总的目标一致而达到目标的道路和方式不同而形成的具有不同的民族特色的马克思主义学派。这是马克思主义与各国实际相结合的正常状态。任何国家的马克思主义都无权反对别的国家的马克思主义与自己本国实际相结合的道路,反对由此得出的不同于自己的结论。当年毛泽东给日本共产党的题词就是"马克思主义必须与日本实际相结合"。这应

历史唯物主义与中国道路

该是任何马克思主义学派之所以属于马克思主义学派的共同原则。

至于一些关在书斋里的学者脱离或抛弃马克思和恩格斯毕生为之奋斗的无产阶级和人类解放的事业，以对马克思主义著作不同解读的分歧而形成的不同学派，这些可以称为马克思学学派或马克思主义学说研究者的学派，而不能称为马克思主义学派，因为它们的根本研究宗旨是纯学术的，而不是同时以行动实践马克思主义的历史使命和历史任务。马克思主义之所以是马克思主义，就在于它所肩负的历史使命并努力实践这种使命。马克思《关于费尔巴哈的提纲》的第十一条，不仅是马克思哲学与以往一切哲学的分界线，也可以看成检验当代马克思主义与自称马克思主义的学派区别的试金石。

我们区分马克思主义学派、马克思学学派、马克思主义研究者学派绝不是搞"关门主义"。我们应该关注西方马克思学、西方马克思主义研究者的成果。尤其是在当代中国，熟悉西方马克思学和国外马克思主义研究情况，对于推进马克思主义理论工程建设，对于马克思主义中国化是非常必要的。马克思主义从来就不是宗派主义。过去不是，现在也不是。思想理论资源的借助可以是多渠道的，反面的东西可以促进正面的思考。思想资源可以多元，但理论不能混，阵营不能乱。

四、准确理解和坚持基本原理应该重视文本研究

马克思主义中国化就是马克思主义与中国实际相结合。有一种说法，马克思主义之所以要中国化，是因为它的原生形态并不适合中国。它是欧洲的东西，所以要中国化，否则它就没有用。或者说，马克思主义已经过时，只有中国化才能保存它的生命力。有的甚至说马克思主义根本不可能中国化，一旦中国化就已经不是原来意义的马克思主义，如此等等，立论各异。

究竟是因为马克思主义基本原理是真理，因而可能中国化，还是因为它只有中国化才具有真理性？其实，道理很清楚，当然是因为马克思主义基本原理具有普遍真理性所以才可能中国化，一种不具有真理性的学说不可能由于它在中国传播就会成为真理性学说。马克思主义之所以能中国化，就是因为它具有真理性，而中国化又以中国的经验和理论丰富了马克思主义的普遍真理。这是一种双向作用。而它的根据是马克思主义自身具有真理性，否则它不可能中国化。毛泽东强调马克思主义"放之四海而皆准"，就是强调它的真理的普遍性。

马克思主义中国化的依据是什么？是马克思和恩格斯的文本，还是它的基本原理？这是当代争论的一个问题。现

在一个很流行的问题是马克思主义的当代性，即马克思主义在当代是否过时的问题。有的学者认为马克思主义基本原理已经失效，应该依靠对文献的当代重新解读才能恢复它的生命力。我不完全同意这种看法。

马克思主义经典的文献学研究、考证、校勘都非常重要。以往由于条件限制和文献限制，我们在这方面的工作比西方落后，现在我们应该加强这方面的工作，这肯定是马克思主义研究领域的一个新的拓展。它可能发现以往被视而不见的重要论断，可能改正以往理解中的某些错误，这对正确理解马克思主义基本原理和改正过去的错误理解或不适当的附加有重要的学术价值。但马克思主义的真理性不能以对经典的重新解读为依据。马克思主义基本原理的真理性决定性标准是实践的检验和实践运用的有效性。只强调重新解读就会陷于无休止的争论。因为解读者的主体差异及其文化背景、政治背景和解读的出发点和目的不同，或使用的方法不同，都会影响对同一句话的不同理解。何况，任何仅限于上下文的关联的解读都不可靠，特别是脱离马克思和恩格斯一生的历史发展和全部著作，仅就一本书，甚至某一本书的某一章、某一节、某一句话的推敲字句式的孤立解读，往往容易一叶障目，只见树木而不见森林。我们的马克思主义的文献研究一定要与基本理论的研究相配合，才能有助于我们正确理解马克思主义基本原理，而不是相反。因为自从马克思主义产生以来，在革命狂风暴雨和风云变幻中，经历实践考验的不是单独某一本书中的某一句话，而是马克思主义的基本原理。马克思主义的当代性问题应以原理的当代有效性和实践检验为依据，而不是以与经典文本中某字某句相对照为依据。如果再扯上翻译的准确性问题更是越扯越成乱麻一团。邓小平就特别强调基本原理的学习。他在中国共产党全国代表会议上的讲话中说："现在我还想提出一个新的要求，这不仅是专对新干部，对老干部也同样适用，就是要学习马克思主义理论。"[1] 他还说："我们现在要建设有中国特色的社会主义，时代和任务不同了，要学习的新知识确实很多，这就更要求我们努力针对新的实际，掌握马克思主义基本理论。……我希望党中央能作出切实可行的决定，使全党的各级干部，首先是领导者干部，在繁忙的工作中，仍然有一定的时间学习，熟悉马克思主义的基本理论，从而加强我们工作中的原则性、系统性、预见性和创造性。"[2]

我们反对用注经的方法或用西方唯心主义解释学的方法来对待马克思主义经典文献，但我们重视马克思主义经典文本的研究和学习，因为基本原理存在于经典文本之中，但它不是个别的词句或个别论断，或片言只字，而是文本中的

---

① 《邓小平文选》第3卷，146页，北京，人民出版社，1993。
② 同上书，146～147页。

根本思想。任何违背马克思主义基本原理的观点，必然也同时会曲解文本中的基本思想，曲解文本中体现的基本立场、观点和方法。有的学者抽象掉各种社会主义的区别认为社会主义首先是一种"价值"，这无论从马克思主义基本原理或从文本来说都是毫无根据的论断。

马克思和恩格斯在《共产党宣言》中运用历史唯物主义阶级分析方法对各种社会主义进行过分类，第一类是反动的社会主义，如封建社会主义、小资产阶级社会主义、德国的或"真正的"社会主义；第二类是保守的或资产阶级社会主义；第三类是批判的空想的社会主义。任何哲学工作者都懂得价值观是多种多样的，可以说各种类型的社会主义学说都包含自己的价值观，包含源于自己立场的对资本主义社会的评价和要求。根本不存在一种什么"价值社会主义"，只存在具有不同时代特征和阶级特征的社会主义。马克思和恩格斯的社会主义是不同于以上各种类型的科学社会主义。科学社会主义不是"价值社会主义"与马克思主义的历史唯物的融合的产物。无论是马克思主义基本原理还是马克思和恩格斯的文本，例如《共产党宣言》或者《反杜林论》中社会主义部分关于历史与理论两节，都讲得很清楚，科学社会主义的事实依据是资本主义的现实矛盾，而理论依据则是唯物史观和剩余价值两大发现。马克思主义的科学社会主义当然也包含自己的价值观，这种价值观不是以往所谓"价值社会主义"的移植，而是马克思主义科学社会主义自身所固有的。

在科学与价值的关系上，判断价值观对错的依据是事实，以对事实的科学分析为依据的判断才可能是有价值的"价值判断"，而以抽象理性、人性为依据的价值观是没有价值的"价值判断"。倒转过来，让事实服从价值，科学真理屈从阶级的价值诉求肯定是错误的价值理论。科学社会主义自身所包含的价值，不是抽象的自由、平等、博爱，而是以无产阶级和人类解放为最高价值目标，建立一个人与人和谐、人与自然界和谐、个人得到自由全面发展的社会。这种价值诉求之所以可能就在于它是以社会形态更替的历史发展规律作为依据的。科学社会主义当然要讲自由，这是任何个人的自由作为一切人自由条件的自由，而不是资产阶级的贸易自由、雇佣自由之类的自由；要讲平等，但平等最根本的意义是最终消灭剥削和阶级对立，而不仅仅是在社会不平等前提下的法律意义上的平等；科学社会主义也讲爱，但博爱在存在阶级、存在两极分化和贫富对立的社会下是不可能的。

在以往各种类型的社会主义中，空想社会主义是最具理论性和批判性的，具有历史进步性，可它的历史地位和作用与历史进程成反比。正如马克思和恩格斯指出的，"虽然这些体系的创始人在许多方面是革命的，但是他们的信徒总是组成一些反动的宗派"①。之所以如此，就在于它接过法国资产阶级启蒙主义者自由、平等、博爱的口号，把价值诉求建立在抽象的理性基础上，无视资本主义社会的对抗矛盾和社会发展的规律，使事实屈从价值诉求，从而使社会主义成为永远不可能实现的空想。

我们并不否认，我们在社会主义建设中犯过一些错误，其中包括法制不健全，社会主义民主没有得到发扬，还没有形成充分发扬社会主义民主的途径、方式和制度保证，以及建立与完善尊重人权的有关制度和原则，这些我们都要在建立与社会主义经济相适应的政治体制，在深化改革中逐步完善，但我们的错误和教训绝不是抽象宣扬"价值社会主义"的理由。苏联解体和东欧剧变的教训不应忘记。在当代中国，把空想社会主义的价值观，把抽象的自由、民主、人道、博爱，奉为金科玉律，实在离马克思主义太远，离中国特色社会主义理论、离邓小平关于社会主义本质理论和"一个中心，两个基本点"的根本方针太远。

社会主义需要民主，但民主更需要社会主义。没有民主的社会主义不是真正的社会主义，但没有社会主义经济制度和政治制度保证的民主，只能是资产阶级一人一票的

① 《马克思恩格斯选集》第1卷，304～305页，北京，人民出版社，1995。

所谓"民主"，而不是人民当家作主的社会主义民主。民主社会主义不是民主加社会主义。民主社会主义是一种理论，一种制度构想，它本质上是改良的资本主义，或者说是资本主义的改良主义。而我们的旗帜是中国特色社会主义，走的是有中国特色的社会主义道路。它是马克思主义的科学社会主义理论与中国实际的结合。

五、马克思主义必须中国化

既然马克思主义"放之四海而皆准"，那有什么必要中国化呢？马克思主义是普遍真理，可马克思主义所面对的国家、面对的问题是具体的、变化的。可以说，马克思主义是普遍的，各国马克思主义者所要解决的问题是特殊的。各国的马克思主义者都在自己的国家活动，都要解决自己的国家和民族面对的问题，既不能借米下锅也不能越俎代庖。各国的问题永远是具体的。立足实际就是立足问题，立足变化着的实际就是立足变化着的问题。马克思主义的真理性在于它不是包治百病的药方，而是观察问题的基本理论和方法。中国的问题需要中国革命者自己解决。马克思主义基本原理是解决问题的思想理论武器，而不是提出供解决一切现成问题的结论。所谓中国化，就是运用马克思主义基本原理，从中国的问题中寻找适合中国的解决方法。离开了中国化的马克思主义，就会成为毛泽东批评的"无的放矢"。"矢"和"的"结合才是一次完整的射击活动。"无的放矢"，任何人都可以自称为神箭手，正如不解决任何实际问题，都可以自称为理论家一样。

马克思主义普遍原理之所以具有当代性，根本之处在于马克思主义基本原理，在于它的世界观和方法论具有当代适用性。无论是对当代资本主义世界的分析、对中国特色社会主义建设中问题的分析，还是对当代科学技术发展中问题的分析，马克思主义哲学作为世界观和思维方法都仍然是最有效的工具。马克思主义中国化的本质是马克思主义基本原理与中国实际相结合，而不是执着于对马克思、恩格斯文本进行一字一句的解读。

坚持马克思主义基本原理，就要坚持发展着的马克思主义。因为马克思主义基本原理的有效性，充分体现在它自身具有的与时俱进的创造性上。所以坚持马克思主义基本原理绝不是教条主义。我们应该在马克思主义基本原理上下功夫，在马克思主义与中国实际相结合上下功夫。不要在马克思、恩格斯文本中的一字一句上争论不休，应该把经典文本的研究作为正确理解马克思主义基本原理的思想资源。文本是已经过去的历史文献，它具有明确的写作年代。写于某某年的意义就是它的时间限定。而原理是文本中已经规律化的思想精华，在实践中不断受到检验、丰富和发展的是马克思主义基本原理而不是文本中的一字一句。任何一个马克思主义的后继者都无权修改马克思和恩格斯的文本，但我们有权而且必须结合实际丰富和发展马克思主义基本原理。所谓马克思主义中国化，指的是原理与中国实际结合而产生的原理的发展。文本永远不可能中国化，翻译必须尊重原著。我们一定要区分马克思主义的文本观与西方唯心主义解释学家对待马克思主义文本的不同观点。

改革开放以来，从邓小平理论到"三个代表"重要思想，从科学发展观到社会主义和谐社会的构建，从创新、协调、绿色、开放、共享的发展理念到习近平新时代中国特色社会主义思想，哪一条具有创新的理论不是马克思主义哲学基本原理的运用而仅仅是依据马克思或恩格斯文本中某句话做出的重大决策？我们一定要强调坚持马克思主义基本原理，基本原理动摇了，基本的立场、观点、方法错了，马克思主义中国化的历史进程就会中断。

六、中国马克思主义理论工作者的历史使命

不要认为马克思主义中国化这一伟大事业，只是领袖们的事，只是少数高层领导的事，其他人对此毫无贡献，像马克思形容的，都只是"张开口等着吃烤鸡的人"。马克思主义中国化集中的是全党智慧，其中包括理论工作者的成

果。在早期，李达、艾思奇以及其他理论家都或多或少以其研究成果贡献于马克思主义中国化的伟大事业，我们只要读读毛泽东的《哲学批注》就知道。至于在社会主义改革时期，各个实际部门所提供的材料，各个研究室提供的理论和思想的建议，都是一种有形的或无形的有助于马克思主义中国化的资源。不难设想，既没有任何实际材料，也没有任何理论和思想资源，而单凭某一个人就能把马克思主义中国化，这是不可能的。集中全党智慧绝不是一句空话。

新中国成立以后，我们培养了成千上万甚至几十万马克思主义理论工作者，在高校、党校、各级社会科学院以及各个党政部门，组成了一支重要力量。中国是世界上马克思主义理论工作者最多的国家，是马克思主义著作和出版物最多的国家，也是在实践中强调以马克思主义为指导的国家。因此，马克思主义在中国具有最宽广的舞台和创造性发展的空间。我们应该为马克思主义中国化这一伟大事业而工作，我们要明确我们能做什么，应该做什么。以为我们的工作与马克思主义中国化毫无关系，我们只是宣传员、播音员的想法是不对的。

我们应该做什么，能做什么？我们的理论工作者不要把精力花在构建马克思主义当代新形态上，而应该放在关注和研究现实问题上，并在建设具有中国特色、中国风格、中国气魄的学科体系和教科书体系上下功夫。

现在有些年轻人热衷于构建马克思主义新形态。马克思主义当代新形态是指什么？我不清楚。当年在延安有人提出毛泽东主义，毛泽东说，我们只有一种主义、一种学说，这就是马克思主义。邓小平也说过，我是马克思主义者。中国化的马克思主义就是马克思主义，是当代中国的马克思主义而不是别的什么主义。如果马克思主义新形态不同于马克思主义基本原理，那就不是马克思主义。如果是马克思主义的基本原理，那本质上仍然是马克思主义，是一脉相承又与时俱进的同一种主义。如果由于与实际结合而得出了新的结论，那就是马克思主义的创造性发展。马克思主义中国化不是一种不同于马克思主义的新形态，而就是马克思主义中国化的形态。因为把一种学说称为新形态，总是与旧形态相对而言的，我们不能说中国化的马克思主义是新形态，而所谓传统马克思主义是旧形态，是具有两种不同原则、不同基本原理的理论形态。如果不是这个意思，那离开马克思主义中国化，抽象谈论构建新形态，除了引起混乱之外还有什么别的价值呢？

　　我们理论工作者不着力于自我构建马克思主义新形态，绝不意味着我们就无事可做。第一，我们可以研究社会主义建设中面临的诸多问题，这是个无限广大的领域。至今如何运用马克思主义分析中国特色社会主义建设中的问题，得出新的结论、新的办法，新的思路的文章并不多见。在马克思主义哲学领域，我以为存在一种非意识形态化、哲学贵族化的倾向，即哲学与生活脱离、与读者脱离，只是少数哲学家圈子里的人看，我称之为哲学独白或哲学家的对话，人民大众看不懂、不愿看。可以肯定的是，我们每年出版的马克思主义方面的著作和论文在数量上是世界之冠。这些著作和论文的最大特点，就是不同程度地对阐述和深化中国特色社会主义新成果、新进展做出了努力。当然，我们的理论成果与我们的实践相比，还是差距甚远。我们还缺少能够从发展的马克思主义理论高度，对中国特色社会主义道路、理论和制度进行具有理论深度和说服力的阐释的学术著作。借用一句话，我们的理论研究正处于"有高原无高峰"的境地。

第二，在教学改革中，如何建设具有中国特色、中国风格、中国气魄的学科体系和教科书体系，是一个重要任务。这里可做的工作太多，任重而道远。

第三，构建中国哲学社会科学话语体系。习近平总书记在全国宣传思想工作会议上指出，要加强话语体系建设，着力打造融通中外的新概念、新范畴、新表述，增强我们在国际上的话语权。党的十八届三中全会也强调，要加强对外话语体系建设，推动中华文化走向世界。应该说，对中国的问题，对中国特色社会主义道路、理论、制度的经验和成就，中国马克思主义理论工作者最有发言权，要主动发声，因为这是讲述我们自己的事情。国外学者的正确意见，我们应虚心听取，但如何评价，应当且必须由我们做主。可惜我们缺少一套比较成熟的学术话语体系，往往是有理说不出或者说了传不开。能否用中国话语讲好中国故事、传播好中国声音，直接影响着能否抢占世界学术制高点、掌握话语主动权。中国特色话语体系的建立，必须坚持以当代中国马克思主义为指导。话语体系是思想理论的外在表达形式，有什么样的思想理论作指导，就会有什么样的话语体系。即使运用原来西方曾经使用过的概念，如自由、民主、人权、公正、法治；或者运用中国传统文化中的孝悌忠信、礼义廉耻、仁义礼智信等概念，我们都应该根据时代赋予其新的内涵。这种内涵不是表现在概念的外壳上，而是表现在概念的运用和解释上。因此，我们亟须创立中国特色社会主义理论的话语体系。实现这一重要任务，需要全体理论工作者共同努力。

在当代中国，我们所有的马克思主义理论工作者，无论在哪一个部门，都能为马克思主义中国化伟大事业做出应有的贡献。我们并不是马克思主义中国化的局外人。马克思主义中国化的事业，应该成为所有马克思主义理论工作者的共同事业，这是我们的使命和责任。

第八章

马克思主义与中华优秀传统文化

一、只有继承中国传统优秀文化，马克思主义才能
在中国取得胜利

　　中国要革命，要变革，要走出民族生死存亡的绝境，就必须以马克思主义为思想理论指导。但马克思主义不能取代中国传统文化。中国共产党人即使在激烈的革命时期，无论是在中央苏区，还是后来在延安，都关注文化建设，也关注中国传统文化的教育。毛泽东在《中国革命和中国共产党》、《新民主主义论》、《改造我们的学习》等著作中都论及如何对待中国传统文化的问题。尤其是《中国共产党在民族战争中的地位》一文中，在讲到学习时毛泽东强调："学习我们的历史遗产，用马克思主义的方法给以批判的总结，

是我们学习的另一任务。我们这个民族有数千年的历史，有它的特点，有它的许多珍贵品。对于这些，我们还是小学生。今天的中国是历史的中国的一个发展；我们是马克思主义的历史主义者，我们不应当割断历史。从孔夫子到孙中山，我们应当给以总结，承继这一份珍贵遗产。这对于指导当前的伟大的运动，是有重要的帮助的。"说句实在话，"从孔夫子到孙中山，我们应当给以总结，承继这一份珍贵遗产"，这个任务仍然任重而道远。

马克思主义的强大力量就在于它与中国实际的结合，其中包括与中国历史和传统文化的结合。中国共产党是中国的共产党，而不是别的什么国家的共产党；是在中国建设社会主义，而不是在别的什么国家建设社会主义。无论是共产党，还是社会主义社会都植根在具有深厚历史传统和文化传统的中国，我们当然应该重视中国的历史和文化遗产，重视中国传统文化尤其是长期处于主导地位的儒家学说对中国社会结构、对中国人的民族性格、对中国人的思想和价值观念的深刻影响。马克思主义要在思想和情感上为中国先进知识分子和以农民为主的中国人民所接受，必须与中国的历史和文化相结合。中国革命需要马克思主义，中国文化和历史传统也能够接纳马克思主义。

依靠武力可以夺取政权，但仅仅依靠武力不能建设新社会。按照毛泽东当年的话，革命胜利只是万里长征第一步。

新中国成立以后，需要解决的问题更多。这些问题涉及社会生活各个领域，尤其是在精神方面，软实力的建设仅仅依靠马克思主义作为思想理论指导，而不充分发掘、吸取与运用中华民族丰富的文化资源来进行社会治理、人文素质的培养、道德教化，是不可能完成的。如果说，在以军事斗争为中心的武装夺取政权时期，处理马克思主义与中国传统文化的关系问题还没有那么急迫，那么革命胜利之后，随着社会主义建设的发展，特别是在改革开放后，社会转型期的道德、信念、理想、价值中呈现出的某种程度的紊乱，就成为一个亟待正确处理的问题。

"攻守易势"和"马上得天下，不能马上治之"，是中国历史的两条重要经验。在革命时期，中国共产党处于攻势，主要任务是推翻旧中国和改变旧秩序，夺取政权；革命胜利之后，中国共产党掌握全国政权，不能只破还必须立。现在不是我们向原来当政者进攻的时代，我们自己就是当政者，就处在时刻"被攻"的地位。国家治理状况如何，社会状况和社会秩序如何，人民生活水平如何，生态环境如何，全国人民的眼睛都望着中国共产党，一切都要由我们当政者自己负责。从这个角度说，革命的胜利，是取得全国政权的开始，同时就是攻守易势的开始。

"马上得天下，不能马上治之。"通过革命斗争打出的天下，不可能在治国理政、调整内部矛盾时照样沿用革命的方法，照用武装斗争的方法。正心诚意、修齐治平，不是中国革命胜利之路，却是取得政权后当权者的修养和为政之道。以儒家学说为主导的传统文化包含丰富的治国理政、立德化民的智慧。我们必须研究中国历史上治国理政的经验和中国传统文化，尤其是儒家学说中注重社会和谐和民本的治国理政的智慧，研究如何立德兴国、教民化民。如果说前三十年有什么教训的话，我认为我们缺少的正是这个方面。从反右斗争到"文化大革命"发动全国进行群众性的斗争，仍然可以看到"马上得天下，马上治之"的方式。党内党外仍然处在紧绷的斗争之中，剑拔弩张，伤害了一些人。正是从这个教训中，我们理解了依法治国的重要性，理解了中国传统文化中优秀治国理政智慧的重要性，大力倡导树立和践行社会主义核心价值观，构建社会主义和谐社会，实现"马上"夺权到"马下"治国的精彩转身，对于一个民族来说，最有效的学习就是从自己的错误中学习。中国特色社会主义建设就是在不断总结经验中发展和前进的。

二、中国传统文化创造性转化和发展

民族是文化的主体，文化是民族的血脉。清末中华民族传统文化的危机，与中华民族的困境相伴而行。而中华民族的复兴，则是中华民族文化复兴的前提。一个民族文化的命运与民族自身的命运不可分。毛泽东曾经说过："伟大的胜利的中国人民解放战争和人民大革命，已经复兴了并正在复兴着伟大的中国人民的文化。"[1] 没有中华民族的复兴，就不会有中华民族的文化复兴。

只要看看世界文化史，看看当今战火纷飞、民不聊生的伊拉克、叙利亚、利比亚，看看内乱不息的埃及，想想巴比伦文明、两河流域文明、埃及尼罗河文明昔日的辉煌，就可以明白这个道理。一个民族自身的盛衰兴亡决定了这个民族的文化命运。任何国家处于分裂、民族处于危亡之际，文化不可能独自辉煌。正是因为中华民族的崛起，孔子学说才能走向世界，以中国传统文化为内核的国学才能兴起，儒学才能重放异彩。

只有从民族复兴是文化复兴前提的角度看，我们才能理解五四时期的先进知识分子，面对千年从未有之变局，为求民族之生存，把中国传统文化称为旧文化，而把自己追求的科学和民主称为新文化的合理性和必然性。传统文化的载体最主要的是儒家经典。反对"尊孔读经"是五四时期先进知识分子的普遍思潮。其实，他们都是具有最丰厚旧学修养、熟稔中国古籍的人。发端于1915年逐步酝酿而爆发的五四新文化运动之所以被称为新文化运动，如果脱离当时的历史

---

① 《毛泽东选集》第4卷，1516页，北京，人民出版社，1991。

条件而只就文化自身来划分新旧界线，必然导致文化虚无主义。新文化运动的新，并非针对整个中国传统文化，而是在民族处于存亡之际，把矛头指向服务于封建制度的旧道德、旧的思想传统。五四新文化运动是一次倡导科学和民主的启蒙运动，在文化运动背后包含着追求民族复兴的期待。当然，五四运动留下一个负面影响，这就是把传统文化笼统地称为旧文化，而把民主和科学称为新文化，这种新旧文化二元对立的观念，堵塞了由传统文化向当代先进文化转化的可能性和途径。

中华民族文化如黄河长江，不可能抽刀断流简单区分为新与旧，而是民族精神中的源与流。中国传统文化是中国社会主义文化之源，是文化母体。没有源，河流必然干涸，必然断流。中国文化的特点是源远流长，具有持久性、不间断性和累积性。魏徵《谏太宗十思疏》曾讲到源与流的关系，说"欲流之远者，必浚其泉源"，"源不深而望流之远""塞源而欲流长"根本不可能。当代中国文化同样存在"浚源"与"塞源"的问题，要"浚源"而不能"塞源"。这当然不是说，我们可以原封不动地保持中国传统文化。源是文化母体，流是文化的延续。文化是流动的水，它不会停止。可是它往哪个方向流，与政治道路的选择密不可分。

中国传统文化在近代的流向有不同的主张：往回流、往东流、往西流、往前流。往回流，是辛亥革命后的复辟派，以及当代中国个别新儒家中主张"儒化社会主义"、"儒化共产党"的思潮。这是往回流的复古思潮。往东流是甲午中日战争后，中国败于自己的学生日本而引发的留学东洋的热潮，但很快就为西流所取代。往西流是主张"全盘西化"。这种思潮反对"中国文化优越"论的保守旧思想，其中包含向西方学习的某些合理主张，可"全盘西化"的政治道路是走不通的。在当代社会主义中国，"全盘西化"是与中国特色社会主义道路逆向而行的思潮，其中不乏"西化"和"分化"的诱饵，是为在中国推行"颜色革命"从思想上铺路。可以说，往回流、往东流、往西流，都是中国传统文化的断流。只有继承和发扬中国优秀传统文化，吸取西方先进的优秀文化，建立社会主义先进文化，才能使中华民族文化滚滚前流。保持中国传统文化滚滚前流的机制，就是习近平总书记提出的以马克思主义为指导的创造性转化和创新性发展。

三、社会主义文化与文化软实力的性质

在当今世界，文化被称为软实力，这极其明显地表明，无论是对于一个国家社会自身的发展还是国际交往，文化都越来越显示出它的重要作用。可是，文化作为一种软实力，它究竟是推动社会进步和促进国际正常文化交流和友好往来的"软实力"，还是单纯起着维护统治者的利益和国际霸

权作用的"软实力"，这是大相径庭的。在这种区别中起着关键作用的是贯穿其中的社会制度和指导思想。

文化软实力作为综合国力的组成部分，它的性质和作用，取决于文化的根本属性和内涵。软实力只能说明文化的作用，而文化的社会属性和内涵才能说明这种软实力的先进性。我们重视社会主义文化，正因为它是一种体现社会主义制度本质和以马克思主义为指导的先进文化。在国内，它有利于强化社会主义核心价值体系在和谐文化建设中的主导作用，提高中华民族的人文素质并塑造高尚人格，在国际上它倡导文化友好交往和文化相互借鉴，有利于国际和谐关系的建立和世界多样性文化的共同发展。

社会主义文化是以马克思主义科学世界观为指导的先进文化。从世界范围看，文化是多元的；从国内来看，同一国家的文化也有多样性。既然社会主义文化是先进文化，就要面对一个重大理论问题，即文化先进与否是否有判断标准？我们认为有。文化问题上相对主义和绝对主义都是片面的。我们说中国特色社会主义文化是先进文化，并不是单纯基于意识形态需要的论断，社会主义文化的先进性既有科学标准也有价值标准。

从科学标准来说，社会主义文化的先进性，不仅体现在社会主义制度的先进本质，而且表现为它是以马克思主义科学世界观为指导的文化。在当代中国，坚持先进文化，发展有中国特色的社会主义文化，加强社会主义精神文明建设，必须以马克思主义为指导。只有坚持马克思主义在文化建设中的指导地位，才能真正以科学态度继承中国文化的优秀传统并吸收外国文化的积极成果，才能引领国内多姿多态多样的文化思潮，使其有利于而不是妨碍社会主义主流文化的发展。如果放弃或者削弱马克思主义在文化中的指导地位，西方腐朽文化就会乘虚而入，国内残存的资产阶级思想和封建思想沉渣泛起，就会大大冲击和妨碍社会主义先进文化建设。尤其是我们正处在社会转型期，由于国际国内大环境和小环境的变化，各种思潮极其活跃。如果不坚持马克思主义在文化建设中的指导，就不可能真正有效地建设社会主义先进文化。

提炼概括社会主义核心价值的一条重要方法论原则，就是必须以马克思主义为指导。社会主义先进文化除了科学标准外，还有价值标准。世界上没有一种文化会自认为是非先进的或落后的文化。在当今世界，站在不同的立场，对文化的先进与非先进的评价可以迥然不同。西方政治家和思想家认为他们那种以个人主义为核心，以维护资本主义制度为目标的自由、民主、人权观念是最先进的文化，而且是普世的、永恒的终极的文化。我们认为资本主义自由、民主、人权观念在反对封建斗争中曾经是先进文化，起过引领当时社会思潮的方向性作用。但随着世界进入社会主义革命时期，资本主义的自由、民主和人权观念，正在不断暴露出它的阶级局限性和虚伪性。

四、马克思主义与社会主义核心价值体系

以马克思主义为指导的社会主义文化，是以社会主义核心价值体系为本质内容的先进文化，它肯定西方启蒙思想家自由、民主人权观念的进步性，也不否认与封建制度相比资本主义制度有其历史进步价值。但社会主义先进文化中的自由、民主和人权观念反映社会主义制度的特性，具有以马克思主义为指导的科学和价值内涵。把社会制度的特性和指导思想抽象化，把自由、民主、人权、和谐、平等变为一个空洞的，似乎任何社会、任何人都能接受的概念，就会在核心价值问题上陷入迷途。社会主义民主是人民的民主，社会主义人权最根本的是保障国家的主权、发展权和广大人民的生存权以及受社会主义法律保障的各种权利；我们需要的平等不是抽象的平等，而是实际的平等，即最终消灭阶级、消灭剥削，人人共同富裕的平等。因此，在社会主义先进文化中任何价值性概念，尤其是核心价值概念，不能简单地从中国传统文化或西方已有价值范畴中抽取出来再进行组合，而必须在每个概念的内涵中包括马克思主义的解释，使其真正反映社会主义制度。因此，提炼概括社会主义核心价

值的一条重要方法论原则，就是必须以马克思主义为指导，使核心价值的内涵真正体现马克思主义的指导作用，而不是一系列抽象概念。

坚持马克思主义指导，发展文化事业和文化产业，坚持社会主义先进文化，坚持马克思主义在先进文化中的指导地位，是否会妨碍文化产业的发展？答案是否定的，在社会主义先进文化建设中，既要发展文化产业也要发展文化事业，这两种文化实体有区别但也有共同性。文化产业的经济效益，往往要依赖先进的科学技术的承载。西方发达国家之所以能在世界上广泛宣传它们的价值观念，在很大程度上借助的是它们的先进科学技术。这样，它们在取得最大经济效益的同时，又在意识形态领域占有某种强势地位。西方文化产业，不单纯是牟利的文化企业，同时又是意识形态的阵地。对我们来说，无论是文化事业还是文化产业，虽然它们在产权和管理方面存在区别，但它们是社会主义制度下的两种文化单位，因此文化企业和文化事业单位，都应该以不同方式树立以马克思主义为指导的思想观念。

在文化产品的创作生产中，我们在谋求经济效益的同时，必须充分意识到文化产品的价值内容。即使在国际上，我们同样应该使我们的文化产品承载中国文化的特有价值观念，不能像西方政治家嘲讽的那样，中国只能出口电视机而不能出口电视剧。如果社会主义的文化产业，可以不管社会效益，只管经济效益，以媚俗、低俗、庸俗的内容，成为资本主义价值观念的"宣传员"，甚至有伤国格以迎合西方的需要，这肯定背离以马克思主义为指导的文化建设方针。当然，我们强调文化产品的创作生产中也要以马克思主义为指导，是指经营方针和经营者的理念，而不是说文化产品都应该是硬邦邦的意识形态的话语。如何使文化产品喜闻乐见和具有吸引力，同时又坚持我们自己的价值观念，这是衡量文化产品的创作生产者马克思主义理论水平的一个尺度。在建设社会主义文化强国过程中，马克思主义理论工作者和哲学工作者应该发挥特殊作用。全部人类的文化史表明，在特定历史时期处于先进地位的文化都有相应的比较进步的哲学作为支撑。在建设社会主义文化强国的过程中，马克思主义哲学工作者如何以辩证唯物主义和历史唯物主义为指导，就中国特色社会主义文化建设中的重大理论和实践问题，包括如何建立文化自觉、自信和自强的问题，进行理论探讨并提出积极的建设性的意见，这是全体马克思主义理论工作者的历史使命，也是马克思主义通过理论工作者发挥作用的一种方式。

五、建设社会主义文化强国

习近平总书记在中共十九大报告中指出，要坚持中国特色社会主义文化发展道路，激发全民族文化创新创造活力，建设社会主义文化强国。

文化自信不是一个简单的文化口号。文化自信既是基于我们民族苦难和奋斗史的文化自觉与自豪，又是我们民族寻找自身伟大复兴之路的文化史展示，是一种既热爱自己的民族文化又海纳百川的包容精神，是一种既积极奋进又不卑不亢的文化精神。

一个民族的文化和民族独立不可分。民族是文化的主体，文化是民族的灵魂。

在明代中期以前，中国曾是世界上经济最发达、文化也最发达的国家。商周时代的青铜文化，春秋战国的诸子百家，汉代雄风，盛唐气象，两宋文化的高度发展，成为世界文化史的辉煌篇章。中国的文化具有巨大的影响力，向周边国家辐射，在东亚形成了儒家文化圈。

在当代中国，文化自信是具有时代性的命题。中国在近代以前，从来不存在文化自卑问题。中国只是在近代面临民族存亡危机时，才出现文化危机。

中国共产党的诞生是中国历史上开天辟地的大事。在以马克思主义为指导的中国共产党领导下，中国革命取得胜利，中华民族从此站起来了。任何一个客观公正的观察家都不能否认，与清末不断割地赔款、视洋人如虎相比，与北洋时期军阀混战、各自依附洋人以求靠山相比，与国民党统治时期民生凋敝、经济落后、政治腐败相比，正是中国共产党领导的革命胜利和中国的崛起，打破了长期处于主导地位的"西方中心论"，清除了一些人的殖民地心态，重新恢复了中华民族生气勃勃的民族生命力和文化自信心。

中国的历史证明，只有民族复兴才能为民族文化复兴开辟道路，也只有坚持民族文化精神，中国才不致陷于国家分裂和民族被奴役的悲剧境地。中国优秀文化的基本精神，在中华民族处于困境和危机时，给予革命者前仆后继、英勇奋斗的精神支撑。一个真正爱护中华文化的人，应该珍惜我们得之不易的民族独立和解放；一个真正爱国主义者，必然从内心深处珍爱和礼敬自己的民族文化。

文化自信是国家强大的表现，而自信心的丧失是附着在民族心灵上的文化毒瘤。今天我们强调文化自信，正是为了彻底扫除中国长期落后于西方而产生的民族自卑和文化自卑，吹响实现中华民族伟大复兴的精神号角。

六、文化自信，是更基础、更广泛、更深厚的自信

在中国特色社会主义的话语体系中，文化自信与道路自信、理论自信、制度自信是不可分的。文化自信，是更基础、更广泛、更深厚的自信。因为在中国特色社会主义道路、理论和制度中，都贯穿着中国文化自强不息、实事求是、海

纳百川、与时俱进的基本精神，都能找到最适合的中国历史和文化传统，都有最适合世情、国情、民情的道路和保障人民各种基本权利的文化基因。

道路自信深层次蕴含着文化自信。一个民族的文化传统和文化背景，往往影响着这个民族的发展道路，在面临变革时期的道路选择时，表现得尤为明显。中国共产党90多年中所选择的道路，与中华优秀传统文化密不可分。革命时期，我们有中国革命道路必胜的自信；抗战时期，我们有中国抗日必胜的自信；社会主义时期，我们有中国特色社会主义道路的自信，这些都是基于深层次的文化自信。因为我们深信，既有马克思主义指导，又植根于中华优秀文化的中国共产党，完全有能力有信心选择与国情相适应的正确道路。

理论自信植根于中华优秀传统文化。理论自信和文化自信是一致的。理论从本质上讲也是一种文化，是作为理论形态的文化。中国特色社会主义理论是马克思主义在当代中国的发展，从一定意义上说，又是构成中国当代文化的重要内容。习近平总书记曾多次用"求大同"、"大同世界，天下一家"表达中国梦和实现中华民族伟大复兴的理想追求。可以说，中华优秀传统文化是中国共产党人坚持共产主义理想的精神基因和文化渊源。坚定共产主义理想信仰和坚持文化自信，二者相辅相成。

制度自信源于制度构建的文化传统。任何一种制度都有其文化内涵。经济基础只能决定制度的社会属性，制度的具体构建和特色不能脱离一个民族既有的文化传统。中华优秀传统文化的积累和继承使得中国制度有自身的特点和优点。例如，我们的制度建设始终坚持以人民为中心，坚持为人民服务的原则。干部选拔继承了选贤与能的传统，也继承宰相必起于州部、猛将必发于卒伍的用人思想，注重德才兼备和基层锻炼。

文化是一个民族的血脉和精神支撑。正如血脉贯通于人的全身并昭示着一个人的身体状况一样，是否拥有文化自信，往往是一个民族兴盛衰亡的重要原因。继承和弘扬中国特色社会主义文化，是继续巩固和完善道路自信、理论自信、制度自信的必由之路。

1. 创造性转化、创新性发展是正确对待中国传统文化的总开关

文化不是塑像，也不是一潭死水，而是活的机体。一个民族的文化是一个有机整体，既有传统文化也有当代文化。最有生命力的文化是传统与当代结合，既继承传统又推陈出新，各领风骚。

中国特色社会主义进入新时代以来，习近平总书记对中华优秀传统文化做了许多重要论述，其中一个重要观点就是：坚持创造性转化、创新性发展。这是我们正确对待中国

传统文化的总开关。

创造性，是人类活动的本质特征，不同领域各有特点。人文文化的创造性，既不是取代原有文化，也不是新规律的发现，而是原有传统文化的不断积累和创造性转化。

有学者倡导研究中国传统文化要"原汁原味"。这很有道理，但"原汁原味"不能绝对化，绝对化就不存在创造性转化的问题。建设中国特色社会主义文化，最重要的是适应新时代、立足现实进行创造性转化和创新性发展。继承传统文化不是简单的拿来主义，必须经过自己的嘴咀嚼，经过肠胃的消化。

按照创建中国特色社会主义文化的要求，精华与糟粕是可以区分的。传统文化中具有民族性、科学性、人民性因素的都属于精华，而一切封建的、迷信的、落后的东西都是糟粕。

有人怀疑，经过创造性转化和创新性发展的传统文化还算中华优秀传统文化吗？如果中华优秀传统文化无须在实践中被激活，无须转化、无须发展，这表面上是尊重传统文化，实际上是在贬低传统文化。一种既不能转化又不具有当代价值的传统文化是僵死的文化，是没有生命活力的文化。中华优秀传统文化的价值正在于它是源头活水。

当然，如何创造性转化和创新性发展传统文化是一个严肃的科学研究工作。这里，关键是要坚持马克思主义的基本观点和方法，既不能歪曲中华优秀传统文化，把今人的东西算在古人头上，又能从传统文化蕴藏的智慧中生发出与时代适应的新的诠释。

社会主义核心价值观的形成可以看成是中华优秀传统文化创新和转化的一个范例。我们不是以与中华优秀传统文化范畴简单对照的方式来形成社会主义核心价值观，而是立足社会主义制度的本质和实践，通过理解传统文化思想和道德观念的基本精神和家国一体的原则，形成国家、社会、个人三者统一的社会主义核心价值观。

正如习近平总书记所说，培育和弘扬社会主义核心价值观必须立足中华优秀传统文化。牢固的核心价值观，都有其固有的根本。抛弃传统、丢掉根本，就等于割断了自己的精神命脉。博大精深的中华优秀传统文化是我们在世界文化激荡中站稳脚跟的根基。

2. 不断铸就中华文化新辉煌

十九大报告指出，中国特色社会主义文化，源自于中华民族五千多年文明历史所孕育的中华优秀传统文化，熔铸于党领导人民在革命、建设、改革中创造的革命文化和社会主义先进文化，根植于中国特色社会主义伟大实践。

中华优秀传统文化能否传承和发扬，取决于这种文化在当代的生存状况。中华文化正是在革命文化和社会主义先进文化中，以其科学性、民族性和大众性，彰显出中华优秀传统文化的生命力和精神基因。在中国特色社会主义文化建设中，我们既要重视中华优秀传统文化，又要重视革命文化和社会主义先进文化。

继承发扬文化，不能忘记两个传统。一是不能忘记中华优秀文化传统，二是不能忘记中国人民在革命斗争中以鲜血和生命创造的革命传统。革命传统，就是革命文化的传统。中国革命传统中凝结了中华民族的优良传统，是中华优秀传统文化的积极成果在新形式中的延伸和再创造。从无数革命先烈身上，我们可以看到"富贵不能淫，贫贱不能移，威武不能屈"和"苟利国家生死以，岂因祸福避趋之"的精神，这就是中华优秀传统文化的基本精神。由于革命传统的承继，中华优秀传统文化才没有像其他文明古国的文化那样，发生中断和没落。

我们正是在继续发扬上述两个传统的基础上，从事社会主义先进文化建设。如果抛弃两个传统，数典忘祖，忘记红船精神、井冈山精神、长征精神、西柏坡精神等，就无法理解社会主义时期先进人物的出现，无法理解在改革开放时期所呈现出的勃勃生机。可以说，社会主义先进文化以及为社会主义建设、为改革开放做出杰出贡献的先进人物，就是中华优秀传统文化与革命文化精神相结合的当代表现。

建设社会主义文化强国，需要继续在上述两个传统基础上向前推进，不断铸就中华文化新辉煌。

第九章

历史唯物主义与中国道路

中国道路问题，是最受世人关注的重大问题。中国选择什么道路，中国向何处去，不仅关系到中华民族的命运和全体中国人民的切身利益，也会改变世界政治格局和大国之间的力量消长。"中国威胁论"、"中国经济崩溃论"等，本质上都是以话语形态出现的对中国道路取得的伟大成就的焦虑和恐惧。

一、中国道路与中国方案

中国道路，就其一般意义而言，包括中国革命、建设、改革所经历的全过程。所谓中国道路对过去来说是中国的革命和社会主义建设历史，对现实而言它就是中国当代的社会主义实践，对未来而言它就是中国的"两个一百年"奋斗目标和中华民族伟大复兴，并最终实现共产主义。作为一个整体，它就是中国共产党领导中国人民革命和建设的实践历史过程。中国共产党近百年来走过的道路，内含着中国共产党人的文化自信，其深层本质是对共产党执政规律、社会主义建设规律、人类社会发展规律的把握。

中国道路的提法或许比中国模式更确切，更符合马克思主义哲学的本意。模式的提法难以表达中国特色社会主义道路的本质。从语意来说，模式是成型的、静态的、稳定的。用在国家发展上，模式具有排斥性，把自己国家的发展视为不同于其他国家的唯一的最具优越性的发展方式，或者认为自己国家的发展方式具有普适性，可以为其他国家提供一个现成的发展范式，如同制作糕点的模型，全部糕点都是从一个模子里制作出来的。无论在何种意义上，模式论都不太适用于中国特色社会主义道路。

从历史唯物主义角度看，各国都有各自不同的发展道路，没有放之四海而皆准的发展模式，更没有唯一的模式。西方发展道路是由西方国家自己的历史和文化决定的，而不是为世界提供模式，也不可能为世界提供模式。中国推行改革开放，表明中国共产党愿意学习世界各国尤其是西方发达资本主义国家的经验，但是中国绝不会照搬西方发展的模式。习近平总书记说过，"我们愿意借鉴人类一切文明成果，但不会照抄照搬任何国家的发展模式"，"不能企图用一种模式来改造整个世界"。

历史唯物主义是社会形态发展论，而不是社会发展模式论。中国特色社会主义道路，不是从天上掉下来的，而是中国人民在中国共产党领导下走出来的。从整个中国历史来说，中国特色社会主义是在对中华民族几千年文明和文化的传承中得出来的；从近代史说，它是从1840年以来中国人民为民族复兴而奋斗、而牺牲、不断遭受挫折的苦难经验和教训中总结出来的。发展道路是纵向的，它与自己国家过去的历史特点和文化特点不可分割。没有中国历史的发展，没有中国文化的积累，就没有中国特有的发展道路。

道路的特点是实践，而不是仿效，不是依葫芦画瓢。中国道路就是中国人的实践，不实践就不是道路，也没有道路。当然，在中国特色社会主义建设中，我们可以有规划、有顶层设计、有"两个一百年"要达到的目标、有中华民族伟大复兴的目标，但目标不等于道路。目标只是道路的重要部分，是道路的指向和要达到的站点。至于如何到达这个站点，怎么走，就是道路问题。可以大胆地说，按照历史辩证法，我们不可能详细地绘制一个不需要修改、不需要完善、不需要调整的中国道路规划图，而是应该根据实际情况不断调整。这就是顶层设计与摸着石头过河的结合。因此，中国道路不是固定模式，它包括弯路、曲折，甚至会碰到岔路。

中国特色社会主义道路不是定型的，而是未完成的，现在仍在继续走。一句话，中国道路是实践过程，它是为人类对更好的社会制度的探索提供的中国方案，而不是一个现成的模式。

改革开放四十余年来，在中国道路上我们取得了伟大的成就，也遇到不少问题。其中有一些是有违改革初衷、未曾料到的新问题，我们正在采取措施逐步解决这些问题。社会主义建设是有规律可循的，会有盲区，会有没有掌握的新的规律。我们还要不断摸索、不断总结。改革初始，邓小平提出以经济建设为中心，重点放在解放生产力、发展生产力上，为此提出发展是硬道理的著名论断。在改革实践过程中，中国共产党人继续推进发展是硬道理的原则，提出了科学发展观，并以此为理论基础发展到现在的创新、协调、绿色、开放、共享的新发展理念；从开始的一部分人先富起来，发展到现在强调共同富裕，强调依法治国，强调公平、正义，这都是从四十余年一步一步改革经验积累中走过来的。四十余年的经验证明，中国特色社会主义道路是在实践中不断完善的。这个过程并没有结束，中国道路有明确的方向图。深入探讨什么是社会主义，怎样建设社会主义，建设什么样的党，怎样建设党，实现什么样的发展，怎样发展这些有关道路的根本性理论问题，提高了我们的理论自觉性，为制定各项方针政策，推进各项工作提供了科学指导。

中国方案的提出，有重要理论和实践意义。中国方案，就存在于中国道路之中。没有中国道路就不会有中国方案。提不出中国方案，中国道路就会变成一句空话。或许有人说，只有中国模式才有世界意义，而中国道路没有世界意义。这不符合历史唯物主义观点。模式提供的是模具。我们反对西方推行的普世价值观，就是反对他们对自由、民主、人权的解释的话语霸权，反对它们把西方的资本主义民主制度模式化。其实，各个国家需要的是符合自己国情和文化特点的自由、民主和人权制度。当然，我们可以学习它们的优点，吸收西方的积极成果，但我们有自己的发展道路和方案，而不是成为从西方模具中复制出来的仿制品。

中国道路，既是具有中国特色的中国之路，又是具有世界意义的中国之路。说它是中国特色之路，是因为它具有中国的历史特点、民族特点、文化特点；说它又是具有世界意义的中国之路，是因为它向人类提供了不同于西方发展道路的中国方案。这个方案向世界表明，一个近百年来受列强压迫和侵略的民族，一个曾经落后于西方发达国家的民族，完全可以依靠自己的力量，建立与自己民族特点相符合的制度和发展道路，走上民族伟大复兴之路。

资本主义社会并不是人间天堂，资本主义的经济和政治制度也不是人类社会发展的唯一之路，资本主义的价值观念并非人人必须奉为圭臬的绝对价值。在当代，各国的发展，完全可以有不同的方案。这正是西方某些资本主义国家拼命遏制中国和平发展的原因。因为，中国的崛起意味着中国方案的成功；而中国方案的成功，意味着在当代可以有另一条通向自己国家和民族的复兴之路，而不必接受西方兜售的资本主义制度优越论和永世论的灵丹妙药。中国方案是马克思主义和中国文化精华的结合，它的影响力和说服力，是中国对世界的贡献。正因如此，西方一些国家千方百计对中国道路进行抹黑，并将之视为对"自由世界"道路的背离。

二、中国道路之争

方向决定道路，道路决定命运。在中国，不同道路之争，其深层体现为不同文化之争。中国应该走什么样的道路，这一争论由来已久，并非现在才出现，早在20世纪二三十年代中国共产党成立以后就存在。这一争论具体表现为三个方向，即中国共产党主张的在中国进行革命的道路、文化保守主义主张的中国文化本位主义、一些人倡导的全盘西化的资本主义道路。1949年中国革命的胜利，从实践上对这个问题做了总结，而毛泽东的《论人民民主专政》一文，对这个问题从理论上做了概括。本来，在中国革命胜利之后的前30年，这个争论已经沉寂。但随着改革开放后中国总结"文化大革命"经验教训，随着重新正确理解中国传统文化，随着经济全球化后西方新自由主义思潮的涌入，关于中国道路的争论再度兴起。但现在各个方向的立论与表现，与中国革命胜利之前的20世纪二三十年代的文化保守主义和全盘西化论相比，具有新的时代特点和理论支撑。这个理论支撑的文化特点可以概括为三个"化"：中国特色社会主义道路的核心是"马克思主义中国化"；回归传统，回归儒学，重塑中国社会主义和中国共产党的核心是"儒化"；回归人类，回归世界的核心是"西化"。如果我们不站在历史唯物主义高度把握这三个"化"的本质，就会在中国特色道路问题上缺乏文化自信。

有人提出要中国走世界人类文明发展的共同道路，走世界文明之路。在他们看来，以希伯来犹太教和古希腊哲学为源头的西方文化，是最优秀的文化；西方的道路是世界的普遍道路。中国特色社会主义道路是脱离世界文明，是沿袭自秦始皇以来中国封建社会的专制主义之路，是不同于世界潮流的道路。无论在国际国内，这种说法都时有所闻。这种说法完全暴露了西方普世价值论的政治底牌。资本主义道路怎么就是世界文明之路，就是人类世界共同道路呢？以历史唯物主义观点看，西方文化只是文化中的一种，资本主义道路只是人类社会发展过程的一个重要阶段。资本主义的确为人类做出了比以往任何时代都巨大的贡献，但又同时为自己挖掘了坟墓。资本主义社会是文明与野蛮、光明与黑暗并存的社会。马克思和恩格斯在《共产党宣言》中以热情洋溢的赞美笔调肯定了资本主义的成就，但同时又毫不留情地审判了它的死刑，敲响了资本主义丧钟，指出资本主义社会的过渡性。资本主义社会的出现和发展包括在人类社会发展规律之中，但绝不代表人类的美好理想，也不是人类社会发展的普遍规律。

什么是人类的共同道路，什么是人类社会发展的普遍规律？从历史远景来说，不是少数人富裕的资本主义，而是公平、正义、共富、和谐的社会主义和共产主义。相对于人类存在数千年的阶级社会和剥削社会来说，消灭阶级、消灭剥削，建设一个公平、正义、共富、和谐的社会，才是人类的共同道路。用中国哲学的话说，这条道路叫天下为公、世界大同之路；用历史唯物主义关于社会形态发展理论来说，这条道路是人类解放之路，是共产主义道路。世界通向这个共同道路的方式和方法可以各不相同，并且肯定会有先后、有迟早，但对人类社会而言，剥削制度不会是永恒的、亘古不变的。私有制度是在一定条件下产生的，也会在一定条件下终结，作为私有制的最高发展阶段的资本主义制度形式也是如此。消灭剥削、消灭两极分化、消灭私有制，走向公平共富的社会，这才是人类发展的普遍规律。《共产党宣言》的不朽价值，就是向全人类揭示了这个普遍规律，并号召"全世界无产者联合起来"，为此而奋斗。

我们反对西方包藏政治图谋的普世价值论，这并不违背世界发展潮流，不是与世界发展相脱离，因为我们不是反对自由、民主、平等、人权、法治这些人类认可的共同价值，相反我们在努力建设社会主义的自由、民主和人权制度。我们反对的是西方某些国家或学者怀着文化自大狂的优越心态，把西方价值观念和制度模式化，并将其视为放之四海而皆准的普世模式。普世价值论的本质就是西方制度模式化，是以普世价值为软实力的西方资本主义制度的优越性和不可超越性的话语霸权。

　　国内外都有学者批评中国特色社会主义道路脱离世界发展道路、脱离人类发展道路，要中国回归人类发展道路，这其实讲的就是回归普世价值的道路。他们说，这是中国从"专制"、"独裁"的社会主义，回归"自由"、"民主"的资本主义。实际上，这就是要中国割断自己的历史传统，摒弃中国文化特点和社会主义道路，期待中国重蹈"红旗落地"的覆辙。

　　在道路问题上还有另一种主张，这就是回归儒家、回归传统。这一观点中最激烈的说法是儒化中国共产党、儒化社会主义。表面上，它与回归世界、回归人类的新自由主义道路是双峰对峙，但其结果实际上是殊途同归。中国特色社会主义是我们生活其中的现实的社会，共产主义社会是我们的理想。人在站立的时候，总是双脚立地、背面对后、两眼朝前。社会发展也是一样。社会发展永远是立足现实、背靠传统、关注未来，而不能是脱离现实、脸向过去、背对未来。社会发展是往前走的，人的追求不能与社会发展的方向相背而行，而只能相向而行。

背靠传统，就是继承传统、弘扬传统、创新传统，而不是回归传统。正如儒学一样，需要继承、发扬而不是回归。历史是曾经的存在，现实是当代的存在。传统是历史与现实之间连续性的文化串线。历史对现实有深刻的影响，即它的文化基因具有某种遗传性。儒学传统要继承，也要与时俱进，而不是回归。习近平总书记明确指出："历史总是要前进的，历史从不等待一切犹豫者、观望者、懈怠者、软弱者。只有与历史同步伐、与时代共命运的人，才能赢得光明的未来。"①

"治世不一道，便国不法古。"社会主义有自己的发展规律。中国当代的现实，是社会主义社会的现实。社会主义有自己不同于封建社会的经济基础和上层建筑，有不同于以往任何社会制度的新的指导思想、新的政治制度。我们是生活在 21 世纪的当代人，是努力建设中国特色社会主义的当代人。站在当代，我们应该重视中国传统文化，吸取中国传统文化的优秀思想，但不可能在社会制度的建设和思想指

① 习近平：《在庆祝中国共产党成立 95 周年大会上的讲话》，7 页，北京，人民出版社，2016。

导观念上，回归传统、回归儒学。以儒化作为中国道路和方向的指导，只会断送中国的社会主义。

　　中国特色社会主义道路是一条光辉的道路，也是一条充满困难的道路。我们党清楚地知道，老百姓对现实问题有议论、有不满意。当代的问题是现实问题，而不是古代人的问题。现实问题必须坚持以马克思主义为指导，以问题为导向，采取历史唯物主义方法进行分析，寻找它的现实原因，提供有效的解决方法。传统文化包括其中占主导地位的儒家学说，可以为我们解决问题提供思想资源、提供启发智慧，但传统文化不可能为它们从来不曾经历的两千年后的问题提供预案和答案。对中国道路上存在和出现的问题，儒化不是出路，西化更不是出路，出路在于继续深刻研究和把握社会主义发展规律和中国共产党的执政规律，坚持社会主义方向，坚持从严治党。社会主义的基本规律不可违背，执政党的规律不可违背，治党必须从严。如果管党不力、治党不严，人民群众反映强烈的党内突出问题得不到解决，那么我们迟早会失去执政资格，不可避免地会被历史淘汰。不懂历史辩证法，不懂得失成败在一定条件下可以转化，是非常危险的。殷鉴不远，岂能忘之。《易经》中说，"君子终日乾乾，夕惕若，厉无咎"，这应该成为我们的座右铭。我们一定要以不忘初心之志，以兢兢业业、如履薄冰之心，走符合社会主义规律的中国道路。

三、中国道路的文化自信

习近平总书记说："当代中国的伟大社会变革，不是简单延续我国历史文化的母版，不是简单套用马克思主义经典作家设想的模板，不是其他国家社会主义实践的再版，也不是国外现代化发展的翻版。"[1] 这是习近平总书记在新的历史条件下，对毛泽东《论人民民主专政》一文中总结的中国革命历史经验的进一步发展，说明了中国特色社会主义道路的创造性。

中国道路不是重复母版、模板、再版、翻版。这四个"不是"，就包括三个"化"字。不是简单套用马克思主义经典作家设想的模板，不是其他国家社会主义实践的再版，就是强调马克思主义中国化，要与中国实际和文化相结合；不是简单延续我国历史文化的母版，就是强调中国社会制度和道路不能儒化，以儒学为主导的传统文化要创造性转化和创新性发展；不是国外现代化发展的翻版，就是强调中国的现代化是社会主义现代化，而不是西化。

马克思主义中国化，这是最根本的"化"。没有这个"化"，一切都无从谈起。中国革命和社会主义建设，尤其是中国的改革开放，中国特色社会主义道路，不是简单套用马克思主义经典作家设想的模板，不是苏联社会主义实践的再版，

---

① 习近平：《在纪念马克思诞辰 200 周年大会上的讲话》，26 ~ 27 页，北京，人民出版社，2018。

因为我们是从中国实际出发，以马克思主义作为指导思想寻求适合中国发展的道路。中国民主革命走的是一条农村武装割据，由农村包围城市的道路，而不是马克思和恩格斯设想的巷战，也不是苏联走过的城市武装起义；社会主义革命和社会主义建设，我们也是从"以俄为师"到走自己的路。社会主义革命，我们实行和平赎买，分清民族资产阶级和官僚买办资产阶级，而不是一锅端；社会主义建设，我们强调正确处理十大关系、强调正确处理两类不同性质的矛盾；改革开放，我们强调坚持社会主义方向，强调"一个中心两个基本点"，强调坚持四项基本原则，等等。很显然，这些都不是简单套用马克思主义经典作家设想的模板，更不是苏联社会主义实践和改革的再版。不用多解释，中国革命、建设、改革，走的是马克思主义中国化的道路。如果没有从实际出发，没有坚持实事求是的马克思主义基本原则，中国革命、建设和改革不可能取得成功。当然，马克思主义中国化并没有结束，正如习近平总书记所说："坚持不忘初心、继续前进，就要坚持马克思主义的指导地位，坚持把马克思主义基本原理同当代中国实际和时代特点紧密结合起来，推进理论创新、实践创新，不断把马克思主义中国化推向前进。"①

不能简单延续我国历史文化的母版，就是中国传统文

① 习近平：《在庆祝中国共产党成立 95 周年大会上的讲话》, 8 页, 北京, 人民出版社, 2016。

化的创造性转化和创新性发展问题。中国革命不可能延续我国历史文化的母版，因为中国历史上从来没有出现过社会主义革命。中国共产党领导的革命是推翻旧的社会制度的革命，是社会形态的变化，不是中国历史上的王朝更替、改朝换代。正因如此，中国共产党的成立才是中国开天辟地的大事变，中国革命和社会主义建设才是在中国历史上没有母版可遵循的伟大创造。无论是《礼记·礼运篇》中的"大道之行也，天下为公"的"大同"和"小康"理想，还是太平天国《天朝田亩制度》中废除封建土地私有制、均贫富的思想，虽然都包含丰富的思想资源，但都不可能成为中国革命和社会主义建设的母版。它们是原始的空想社会主义，或农业社会主义。我们坚持的是科学社会主义，中国特色社会主义本质上就是马克思主义的科学社会主义，而不是别的什么主义。

儒家学说是封建社会王朝的母版，而且是王朝守成的母版，而不是开拓创新的母版。这是历代王朝倡导以儒治国的原因，怎么可能成为中国特色社会主义道路的母版呢！当然，这丝毫无损于中国传统文化的博大精深，不影响以儒学为主导的中国传统文化对我们思维方法、道德修养、人文教化、治国理政各方面的巨大思想价值。我们应该反对儒学政治化、儒学宗教化，在社会主义时代应该重视儒学的文化本质。但从道路和旗帜的角度说，从重建理想和信仰的角度说，我们绝不能走以儒化国、以儒化党的道路。我们要治理的是社会主义国家，我们要重建的理想、信仰、价值是社会主义和共产主义的理想、信仰、价值。中国共产党之所以叫中国共产党，就是因为她从成立之日起就把共产主义确立为远大理想。

任何一个关注现实的人都能看懂，中国共产党内出现腐败分子、蛀虫，并不是因为失去对儒学的信仰，而是由于他们丧失了对社会主义和共产主义的信仰。我们社会出现的一些道德失范和价值观念混乱现象，也不是因为失去对儒家的信仰，而是伴随当代中国社会深刻变化而出现的副产品，或者说是社会代价。

我赞同我们应该学习中国传统文化的经典，包括文学经典如唐诗宋词，总之，中国传统文化中宝贵的东西我们都应该珍惜。但我们也应该明白，社会矛盾永远是现实的，我们直面的问题永远是当前的。现代人的信仰和价值永远应该是与时代相适应的。

任何国家在走出传统社会后都要实现现代化，中国也一样。但中国的现代化是社会主义现代化，而不是西方现代化的翻版。现代化，我们是使用最多的一个概念。可是何谓现代化，实现什么样的现代化，这取决于时代背景，取决于各国历史的、文化的特点，特别是取决于社会制度的本质。

中国从社会主义制度确立开始，就把逐步实现社会主义工业、农业、国防和科学技术现代化作为我们的奋斗目标。经过七十年的建设，我们在不断深化现代化的内涵，包括推进国家治理体系和治理能力的现代化，发展社会主义市场经济，发展社会主义协商民主制度，建设中国特色社会主义法治体系，等等。但无论中国现代化的内涵怎样深化，有一点是不会变的，那就是我们搞的是社会主义现代化，而不是资本主义现代化。如果我们摒弃中国特色社会主义基本经济制度和政治制度，偏离中国道路，在现代化问题上不加分析地接受西方话语抽象鼓吹的国家现代化，改变"一党专政"，放弃中国共产党领导；鼓吹思想市场化，放弃马克思主义的指导地位，借助思想多元来反对指导思想的一元化；鼓吹军队国家化，反对党对军队的领导，如此等等，这实际上是在现代化的名义下偷梁换柱，把社会主义现代化变成西化翻版。

毫无疑问，资本主义现代化是人类摆脱传统社会后的巨大历史进步，但西方现代化是通过向海外殖民实现的，是同侵略、掠夺、剥削、扩张密不可分的。日本脱亚入欧，通过实行现代化，走向军国主义，疯狂向外扩张和侵略。我们只看到西方发达资本主义国家变得富强、文明，却忘记了资本主义现代化给世界、给大多数被殖民国家带来的巨大灾难。马克思曾经说过："当我们把目光从资产阶级文明的故乡转向殖民地的时候，资产阶级文明的极端伪善和它的野蛮本性就赤裸裸地呈现在我们面前，它在故乡还装出一副体面的样子，而在殖民地它就丝毫不加掩饰了。"①

　　资本主义现代化的本质是资本本性的扩张。海外殖民就是资本扩张，但它号称输出文明。实际上像马克思当年说的，被殖民的国家"失掉了他们的旧世界而没有获得一个新世界，这就使他们现在所遭受的灾难具有一种特殊的悲惨色彩"②。如果说，当年西方资本主义在输出文明的口号下，给世界带来的是灾难，当代强行输出普世价值的口号，带来的同样是灾难。只要看看中东，看看非洲某些被"民主化"的国家，看看它们战火纷飞、家园破碎、难民如潮的处境，自然就能明白这一点。

　　社会主义现代化与西方资本主义现代化会有某些共同点，西方资本主义现代化有可供借鉴我们的东西，但社会主义现代化绝不是西方现代化的翻版。时代不同、社会制度不同、文化底蕴和传统不同，现代化的道路也不同。中国的文化是和平的文化，而不是扩张的文化。中国是在取得民族独立、建立社会主义制度之后，逐步推进现代化的。我们是在被资本主义世界封锁的情况下，完全依靠独立自主、自力更生，依靠党的领导和人民的力量实行现代化的。在经

―――――――――

① 《马克思恩格斯选集》第 1 卷，772 页，北京，人民出版社，1995。
② 同上书，762 页。

济全球化的背景下，我们通过深化改革开放，在世界交往中继续推进社会主义现代化。我们的现代化，没有殖民、没有掠夺，而是互利共赢；没有血与火，没有战争，而是构建人类命运共同体。中国实现社会主义现代化，是增强世界和平、防止战争的力量，是促进世界和平发展的力量。这是与西方现代化进程伴随殖民、战争和掠夺迥然不同的两种类型的现代化。中国实现现代化，是对世界、对人类和平的重大贡献。

　　社会主义现代化不是西方现代化的翻版，但我们重视对西方现代化的研究。它的成绩、存在的问题，都能为我们提供经验和教训。我们是后发国家，我们有条件避免也应该避免西方在现代化过程中出现的种种问题。我们也不会忘记它们对中国现代化的影响和某种推动。但笔者不赞同中国现代化的动力是外生的，与中国历史自身发展的内在要求无关。外因是条件，内因才是根据。中国是一个有几千年文化传统的民族，是一个蕴藏并积蓄了几千年文明内在力量的民族，是一个在近代饱受侵略和掠夺，积蓄着追求民族复兴、追求民富国强大力量的民族。现代化是中国革命命题中应有之义。把中国现代化，视为简单的外力—反应模式，而不是中国内在力量的要求，是一种错误的历史观。这种历史观导致的结论，就是中国现代化应该拜西方侵略之赐，像有些人无耻宣称的，如果中国能被西方殖民三百年，就可以从洋人那里接手一个现成的现代化中国。这种观点何等荒谬！

中国特色社会主义道路是实现现代化的必经之路，是创造人民美好生活的必由之路。我们对道路的自信，源自对文化的自信。中国不仅有五千多年文明发展孕育的中华优秀传统文化，还有中国共产党和中国人民在伟大斗争中孕育的革命文化和社会主义先进文化。文化不仅是知识、智慧的积累，更是一个民族最深层的精神追求。中国近百年历经劫难而九死无悔，"拼将十万头颅血，须把乾坤力挽回"，其中闪烁的就是"我以我血荐轩辕"的中华民族文化精神。

第十章

中国百年历史变革中的辩证法

　　习近平总书记之所以强调中国革命的历史逻辑，就是因为我们不可能跳过"站起来、富起来、强起来"中的任何一个阶段。人们并不是随心所欲地创造历史，并不是在自己选定的条件下而是在既定的、从过去承继下来的条件下创造历史。历史的发展具有连续性、内在关联性和因果制约性。

　　对站起来、富起来、强起来三个阶段的历史连续性和转折关节点的辩证理解，不仅关系到对改革开放前后历史的评价，而且关系到我们的历史观，关系到中国近百年历史的规律性和可理解性。任何把改革开放前后历史绝对对立起来的观点，都不可能理解改革开放是在什么基础上展开的。

　　中国坚持对外开放，促进了世界经济的发展，同时也促进了中国经济的发展。中国的开放政策符合历史潮流，符合世界各国的利益。中国与世界的关系是互利共赢、良性互动的辩证关系。世界离不开中国，中国也离不开世界。

历史高度决定思维深度。当代中国已进入中国特色社会主义新时代，站在历史新方位回顾中国近百年来伟大社会变革，反思中国从站起来、富起来到迎接强起来的历史过程，如同从高处俯瞰来路，可以深刻把握中国历史变革的规律性。习近平总书记在党的十九大报告中指出："中国特色社会主义政治发展道路，是近代以来中国人民长期奋斗历史逻辑、理论逻辑、实践逻辑的必然结果，是坚持党的本质属性、践行党的根本宗旨的必然要求。"研究中国近百年变革的历史辩证法，可以提高我们坚持中国特色社会主义道路和习近平新时代中国特色社会主义思想的自觉性。回溯过去，展望未来，我们满怀信心地继续走在近百年奋斗筑就的历史之路上。

一、历史发展的连续性和转折

中国近百年历史，从纵向看经历了站起来、富起来到迎接强起来的历史发展过程。各个阶段有其独特的历史内涵和历史使命。它们不可分割，一个阶段为下一个阶段的历史发展提供了前进的台阶并提出了新的有待解决的问题。

中国共产党领导的革命、建设、改革，既具有历史的连续性又有重要关头的伟大转折。连续性和转折构成了中国近百年来波澜壮阔、跌宕起伏、一个奋斗接一个奋斗的历史过程。贯穿这个三阶段的主导思想就是习近平总书记在党的十九大报告中提出的"不忘初心，牢记使命，高举中国特色社会主义伟大旗帜，决胜全面建成小康社会，夺取新时代中国特色社会主义伟大胜利，为实现中华民族伟大复兴的中国梦不懈奋斗"。其指导思想是马克思主义和当代中国的马克思主义，而领导核心则是中国共产党。

"多难兴邦"，中国经历了一个多世纪的民族苦难，在中国共产党领导的革命胜利后，终于站起来了。这有其历史必然性。马克思主义揭示的规律具有普遍性，但规律起作用的条件永远是具体的、历史的。从普遍性角度说，生产关系改变的合理性，必须建立在生产关系不能容纳生产力进一步发展，而新的更高的生产关系已经在母胎中成熟的基础上；从具体性的角度说，由于各国社会的发展程度和历史条件不同，生产力需要发展到何种水平，生产关系才不能容纳它继续发展，这个条件是具体的、历史的，并没有统一的标准。当代西方发达资本主义国家，生产力发展水平高，但它的生产关系仍有容纳生产力发展的余地，因而它们在一定程度和一定范围可以进行自我调节，这是西方发达国家虽然时时发生危机和冲突，但至今仍然没有发生马克思曾经预期的社会革命的原因。按照马克思主义对两个必然性规律的揭示，资本主义制度并非历史的终结，但社会变革的时间、方式和途径则要视各国具体条件而定。

中国革命发生的必然性和合理性根据在于中国社会自身的社会基本矛盾，西方发达资本主义的生产力水平并不是衡量中国革命是否合理的标准。革命是具体的，发生革命的国家也是具体的。具体问题具体分析是辩证法的灵魂。旧中国生产力落后，但旧中国的生产关系更加腐朽，它严重阻碍了生产力的发展。毛泽东在《中国社会各阶级的分析》一文中指出："在经济落后的半殖民地的中国，地主阶级和买办阶级完全是国际资产阶级的附庸，其生存和发展，是附属于帝国主义的。这些阶级代表中国最落后的和最反动的生产关系，阻碍中国生产力的发展。"[1] 其突出表现就是中国自身的民族工业处于衰败的困境，民生凋敝，国弱民穷。而建立在这种落后的经济基础上的上层建筑，其政治代表是腐朽的统治者，而政府则是最腐败的政权。这就是经济文化落后的中国，发生革命却早于发达资本主义国家的原因。穷则思变，旧中国的穷，表明生产关系和上层建筑严重阻碍生产力发展。中国社会自身生产力与生产关系的矛盾、经济基础与上层建筑的矛盾的激化，才是中国发生革命之必然性的内在根据。

---

[1] 《毛泽东选集》第 1 卷，3 ~ 4 页，北京，人民出版社，1991。

中国的站起来不仅决定于社会基本矛盾的激化，还决定于有无革命政党和自觉的革命精神。马克思主义在中国的传播，中国共产党的成立，中华民族的文化传统都是中国革命的主体因素。中华民族这样一个有民族生命力和五千年传统文化的民族，当近代由于生产力与生产关系、经济基础与上层建筑矛盾如此尖锐且无法解决，致使中华民族陷入存亡绝境时，必然会从这种矛盾中产生一种相反的积极力量，产生历史杰出人物和运动，力挽狂澜，救民族败亡于水深火热之中。李大钊先生就曾经说过："历史的道路，不全是坦平的，有时走到艰难险阻的境界。这是全靠雄健的精神才能冲过去的。"①

中国之所以会产生中国共产党，中国共产党之所以能领导中国革命并取得胜利，正是社会矛盾的激化和自强不息的民族精神的结合。在中国共产党的领导下，在马克思主义和马克思主义中国化理论指导下，经历 28 年艰苦奋斗，中华人民共和国成立了。中华人民共和国的成立表明中国人民从此站起来了。新中国成立的前夜，在中国人民政治协商会议第一届全体会议上发表的开幕词中，毛泽东同志对各位出席会议的代表说："我们有一个共同的感觉，这就是我们的工作将写在人类的历史上，它将表明：占人类总数四分之一的中国人从此站立起来了。"

---

① 《李大钊文集》第 4 卷，355 页，北京，人民出版社，1999。

历史的辩证法往往表现为历史的连续性和因果性。如果没有中国革命的胜利，没有建立一个独立自主，摆脱半殖民地半封建地位的新中国，没有以中华人民共和国的成立为标志的中国人民站起来了，就不可能在几十年后出现规模宏大、影响深远的改革开放，由站起来过渡到富起来的阶段。同样如果没有改革开放以来的巨大物质积累和经验积累，没有开辟中国特色社会主义建设的道路和理论，就不可能继续开启建立社会主义现代化强国的新时代。习近平总书记之所以强调中国革命的历史逻辑，就是因为站起来、富起来、强起来之中的任何一个阶段都不可能跳过。人们并不是随心所欲地创造历史，并不是在自己选定的条件下，而是在既定的、从过去承继下来的条件下创造历史。历史的发展具有连续性、内在关联性和因果制约性。

中国近百年的历史逻辑表明，没有站起来就不可能有富起来，没有富起来就不可能有强起来。我们应该从规律性高度理解它们的关联性。割裂三个阶段的连续性及其重大转折，就不能理解中国近百年历史发展的辩证法。改革开放的伟大成就及其开辟的中国特色社会主义实践和理论新境界，已经通过事实本身证明了它是中国社会主义历史连续性中的又一次重大转折，也是世界社会主义运动史的伟大创举。

对"站起来、富起来、强起来"三个阶段的历史连续性和转折关节点的辩证理解，不仅关系到对改革开放前后历史的评价，而且关系到我们的历史观，关系到中国近百年历史的规律性和可理解性。任何把改革开放前后的历史绝对对立起来的观点，都不可能理解改革开放是在什么基础上展开的。如果没有中国革命的胜利和社会主义基本经济制度和政治制度的建立，没有建立相对比较完整的工业体系，改革开放就缺少经济前提和政治前提。习近平总书记关于改革开放前后历史不能对立的观点，坚持辩证唯物主义和历史唯物主义，充满哲学智慧和政治智慧："我们党团结带领中国人民完成社会主义革命，确立社会主义基本制度，消灭一切剥削制度，推进了社会主义建设。这一伟大贡献的历史意义在于，完成了中华民族有史以来最为广泛而深刻的社会变革，为当代中国一切发展进步奠定了根本政治前提和制度基础，实现了中华民族由不断衰落到根本扭转命运、持续走向繁荣富强的伟大飞跃。"[1]

习近平总书记用飞跃来形容站起来的伟大意义，这不是偶然的。中国革命的胜利，中华人民共和国的成立的确是中国近代史上的一次伟大飞跃，因为它为中国之后的发展开辟了最美好未来的前景。极少数人鼓吹民国风甚至北洋风，称颂和留恋那个时代这是不可取的。其实，连有见识的西

---

[1] 习近平：《在庆祝中国共产党成立95周年大会上的讲话》，3页，北京，人民出版社，2016。

方学者都承认改革开放前后不能绝对对立。英国学者斯蒂芬·佩里在回答《环球时报》记者提问时涉及这个问题。他说："有人试图将新中国分为邓小平之前和之后的时代，这样做太简单化了。改革开放之前的时代，我会说'没有毛泽东就没有现代中国'，中国之所以能在1978年实行改革开放，包含了之前很多年的努力和试验，例如如何保持中国的统一，如何应对贫穷、重大疾病及教育与医疗资源的匮乏等。没有这些铺垫，改革开放是不会在那个时间点发生的。"

三个阶段不可分割，还关系到我们如何看待中国现代化的问题。有些学者说，从洋务运动开始中国就踏上了现代化之路，是中国革命打断了这个进程。按照他们的观点，如果没有中国共产党和中国共产党领导下的革命，中国照样能够实现现代化。这是违背历史事实的妄说。在中华人民共和国成立之前的旧中国，在强大的帝国主义经济支配下，民族工业的生存和发展空间极其有限，根本谈不上中国自己的工业化。这一点，凡是读过茅盾的《子夜》，知道主人公吴荪甫命运的人都能理解。没有革命的胜利，没有中国站起来的历史大转折，在一个没有国家主权、没有民族独立的中国要实现现代化，纯属妄想。四个现代化是在中国人民站起来后提出来的国家战略目标，全面建设社会主义现代化国家是在中国强起来后提出来的实现中华民族伟大复兴的重要内容。殖民化不是现代化。即使有些被殖民的国家会出现一些新式工业和进行一定的基础性建设，那也是服务于殖民者获取利益需要的工业和基础建设，而不是为了被殖民国家的现代化。中国有段时间曾出现过"如果中国被殖民三百年，早就现代化"的荒唐言论。现在还有人以不同方式继续发表这种谬论。这是根本不懂国家独立和现代化之间关系，更不懂社会主义现代化和社会主义制度不可分割关系的无知之言。一个被压迫的民族，是不可能实现现代化的，正如带着镣铐的人无法跳远一样。

从辩证法角度看，站起来、富起来、强起来是实现中华民族伟大复兴事业中的有机组成部分，不可分割，不能缺少其中任何一环。这是中国近代百年历史发展的辩证法，也是马克思主义和中国实际相结合理论创新的辩证法。

二、历史在解决老问题提出新问题中前进

马克思曾经说过："世界史本身，除了用新问题来回答和解决老问题之外，没有别的方法。"[1] 其实，中国近百年的历史规律同样如此。毛泽东同志在天安门正式宣布中国人民已经站起来了，解决了一个从维新变法到辛亥革命所没有解决的老问题，解决了长期纷争不休的中国向何处去、

———————————

① 《马克思恩格斯全集》第 1 卷，203 页，北京，人民出版社，1995。

出路何在、是全盘西化还是中体西用的老问题。中华人民共和国的成立表明，解决中国出路问题的方法不是维新、不是变法、不是改良，而是革命。只有以马克思主义为指导，从中国实际出发才能探求到中国的真正出路。习近平总书记明确指出："中国先进分子从马克思列宁主义的科学真理中看到了解决中国问题的出路。"①

站起来实现之后，解决了中国出路何在这个老问题，又须面对如何收拾国民党丢下来的烂摊子，使中国很快摆脱一穷二白，能够在较短时间内富起来，甚至强起来的新问题。这是涉及经济、政治、文化多个领域建设的问题。这是中国站起来之后历史发展的必然要求，是中国共产党的历史使命，也是全体中国人民的热切期望。如果中国通过革命胜利只是在政治上站起来了，而不是对社会进行全面改造，开始朝富起来、强起来的方向前进，那何必革命呢？革命本身不是目的，而是实现中华民族伟大复兴的必经之路。

中华人民共和国成立后的头三十年，是完成新民主主义革命，并向社会主义建设迈进的历史时期。从社会主义发展阶段来说，它是社会主义初级阶段中的始初阶段，必然具有任何事物在始初阶段所具有的不完善性和不成熟性。"其

---

① 习近平：《决胜全面建成小康社会　夺取新时代中国特色社会主义伟大胜利——在中国共产党第十九次全国代表大会的报告》，13页，北京，人民出版社，2017。

作始也简，其将毕也必巨。"这是规律性现象。中国社会主义建设是在一穷二白基础上，是在没有自身建设经验中摸索前行的。再加上曾经发生的"左"的错误，导致中国社会主义发展进入瓶颈期。其深层原因是社会主义建设实践自身提出的新问题：人民生活贫穷是社会主义社会吗？以阶级斗争为纲是社会主义建设的基本路线吗？中国社会主义能在计划经济和单一的公有制的基础上继续保持活力吗？改革开放不是偶然的，它是在一个历史转折时期，对前三十年存在的问题和体制性缺陷寻找出的新的答案，有着深刻的经济、政治、社会和民意基础，符合中国社会主义发展的历史逻辑。

改革开放是中国特色社会主义道路上的伟大创举，是中国近百年历史的又一次重大转折。它开辟了中国社会主义历史发展的新局面，开辟了中国特色社会主义实践和理论创新的新境界。1976 年 10 月粉碎"四人帮"从政治上扫除了继续前进的障碍，可思想往往落后于现实。从政治逻辑和思想逻辑的辩证关系来说，政治格局的改变可以一夜之间实现，可思想解放更为困难。1978 年关于真理标准问题的讨论起到了思想大解放的作用。正是在思想解放和实事求是思想路线恢复的基础上，中国社会主义发展重新获得了动力和勃勃生机。

从历史逻辑来说，头三十年的成就为进一步发展提供了前进的基础，而其中存在的问题和体制性缺陷又成为继续发展的障碍。这些障碍成为为什么要改革、改革什么，为什么要开放、如何开放所需要解决的新问题。什么是社会主义和如何建设社会主义，正是对前一阶段存在的问题的总体性的提问，而且这个提问中包含经济、政治、思想和体制多方面丰富内涵的展开。放弃以阶级斗争为纲，转到以经济建设为中心，提出"一个中心两个基本点"的党的基本路线；由计划经济体制逐步转变到实行社会主义市场经济；由单一公有制转变到以公有制为主体多种经济成分共同发展，等等，中国经济发展获得了前所未有的新动力。正如习近平总书记指出的："我们党深刻认识到，实现中华民族伟大复兴，必须合乎时代潮流、顺应人民意愿，勇于改革开放，让党和人民事业始终充满奋勇前进的强大动力。我们党团结带领人民进行改革开放新的伟大革命，破除阻碍国家和民族发展的一切思想和体制障碍，开辟了中国特色社会主义道路，使中国大踏步赶上时代。"[①] 没有改革开放，也就没有现在的中国。我们热烈庆祝改革开放四十周年，原因正在于此。历史逻辑、政治逻辑、思想逻辑的统一在改革开放中得到呈现。

富起来，是对四十年改革开放成果的标志性概括。的确，改革开放使中国开始富起来，成为世界第二大经济实

---

① 习近平：《决胜全面建成小康社会　夺取新时代中国特色社会主义伟大胜利——在中国共产党第十九次全国代表大会的报告》，14 页，北京，人民出版社，2017。

　　　　　　　　历史唯物主义与中国道路

体，成为世界贸易大国，成为外汇储备最多的国家。富起来为中国特色社会主义进入强起来的新阶段提供了多方面的条件。如果没有改革开放积累的财富，我们不可能在国防、教育、卫生、社会保障以及扶贫脱困方面投入大量资金。民生是立国之本，人民生活的富裕既是社会主义的硬实力，也是软实力，因为它体现了社会主义制度的优越性。可以说，富起来使站起来更加牢固。富起来，也使强起来成为可能。经济是基础，是综合国力最重要组成部分。中国改革开放取得的成就是举世瞩目和公认的。我们用四十年走过了西方主要发达国家上百年才达到的大体相当的发展水平。

历史发展是辩证的，只要发展不要问题是不可能的。在站起来的阶段，我们解决了民族独立的问题，踏上了建设社会主义新中国的道路，但我们的人民生活还比较清苦，并且体制上也还存在诸多不完善之处和缺陷。这些问题，在富起来的阶段通过改革开放得到了较好解决。但富起来有富起来的问题，我们开始在总体上摆脱贫穷，原有体制的弊端得到调整、新体制逐步建立，社会充满求富、奔富的活力。但在迅速发展中又积累了新的问题和新的矛盾，包括政治生态中贪污腐败现象多发、自然生态中环境破坏严重、文化生态中理想和信仰缺失、社会生态中贫富分化悬殊，等等。这些问题是埋伏在强起来之路上的隐患，必须在强国之路上得到解决。

三、强起来要主动解决富起来留下来的旧问题，积极破解强起来的新问题

不同阶段有不同的问题：穷有穷的问题，富有富的问题，强有强的问题。穷则多困，贫困阻碍生活水平的提高；富则易侈易骄，骄奢催生社会不良现象；强则多忌，会遭受来自外部对发展各种方式的遏制和阻挠。因此，强国之路不仅要解决富起来留下来的旧问题，还要面对强起来的新问题。习近平总书记强调："当前，改革发展稳定任务之重、矛盾风险挑战之多、治国理政考验之大都是前所未有的。我们要赢得优势、赢得主动、赢得未来，必须不断提高运用马克思主义分析和解决实际问题的能力，不断提高运用科学理论指导我们应对重大挑战、抵御重大风险、克服重大阻力、化解重大矛盾、解决重大问题的能力，以更宽广的视野、更长远的眼光来思考把握未来发展面临的一系列重大问题，不断坚定马克思主义信仰和共产主义理想。"①

习近平总书记还提到人民日益增长的美好生活需要和不平衡不充分的发展这一新时代的社会主要矛盾，并且一

---

① 习近平：《在纪念马克思诞辰 200 周年大会上的讲话》，24 ~ 25 页，北京，人民出版社，2018。

再强调中国仍然处在社会主义初级阶段，就是因为我们发展不平衡不充分，富起来仍然是相对的。我们国土面积大，人口多，我们的国民生产总值用 13 亿人平均，排名在世界上还是相对靠后的。况且人民对美好生活的向往不能单纯用 GDP 衡量，它的内容是多方面的。我们要贯彻新发展理念，坚持以人民为中心，抓住人民群众最关心的现实利益问题，不断保障和改善民生、促进社会公平正义，使改革成果更多更公平惠及全体人民，不断促进人的全面发展，朝着实现全体人民的共同富裕迈进，大力改善生态环境，坚持人与自然和谐共生，建设美丽中国。我们要大力提倡科技创新，把核心技术掌握在自己手里，避免受制于人，建设科技大国、文化强国。

按照历史辩证法，我们不能把站起来、富起来、强起来视为相互取代的历史阶段，而是后一阶段包括前一阶段的成果并继续解决前一阶段出现的问题。我们要充分认识中国近百年历史变革的伟大意义，它的确是中国几千年历史从未有过的大变化。但同时我们应该实事求是地承认，我们的"富"和"强"仍然是相对的。

历史不能简单相比，但历史经验可以借鉴。尤其是社会主义的历史经验更具有直接的可借鉴性。苏联从 1917 年十月革命到克里姆林宫红旗落地，共历时七十四年。俄罗斯在列宁领导下通过十月革命站了起来，英法美等十四国军队的进攻没有把它扼杀在摇篮里。苏联在解体之前，也可算一个富国，它的 GDP 约是美国的 60%，考虑到它的人口，人均比我们现在要富得多。至于说强，苏联解体前是个强国，是世界上唯一能与美国相比肩的强国。美苏是世界上两个超级大国，是两霸。可谁也没有料到苏联会解体，社会主义在苏联会遭到失败。这表明一个社会主义国家，要站得牢、富得久、强得硬，必须坚持共产党领导，高举马克思主义旗帜，必须把马克思主义基本原理与本国实际相结合才能立于不败之地。否则一旦发生颠覆性错误，就会半途夭折。

习近平总书记对政治方向问题、对中国道路问题、对理想信仰问题非常重视。他一直教导我们要有忧患意识，要防止发生颠覆性错误。党的十八大以来，以习近平同志为核心的党中央以巨大的政治勇气和强烈的责任担当，提出了一系列治国理政新理念新思想新战略，出台一系列重大举措，推进一系列重大工作，解决了许多长期想解决而没有解决的难题，办成了许多过去想办而没有办成的大事，推动党和国家事业发生历史性变革、取得历史性成就。特别令人振奋的是习近平总书记非常重视党的建设，坚持社会革命和自我革命的统一；推动全面从严治党，毫不手软地反对贪污腐败；非常重视坚持马克思主义在意识形态领域中的指导地位，让马克思主义旗帜在中国天空高高飘扬。在社会主义国家，共产党的领导、马克思主义的指导地位、社会主义制度的繁荣和发展不可分割。克里姆林宫红旗落地可以发生在一瞬间，但苏联社会主义的失败可不是一夜之间，而是已经经历了几十年的政治和思想的蜕变期。冰冻三尺岂是一日之寒。前车之覆，后车之鉴，岂能不慎！

马克思诞辰 200 周年的纪念活动，在中国最为隆重。在庄严的人民大会堂，中央政治局全体常委出席，几千名马克思主义理论工作者参加庆祝大会，习近平总书记发表了缅怀马克思伟大人格和历史功绩、重温马克思崇高精神的重要讲话。如此隆重、如此庄严、如此规格，向全世界传达了一个重要信息：不管中国发展到何种程度，中国共产党都不忘初心、牢记使命。任何人都不要指望中国共产党会放弃中国道路，接受西方的所谓"普世价值"。习近平总书记在报告结尾以铿锵有力之声传达的就是这个信息："前进道路上，我们要继续高扬马克思主义伟大旗帜，让马克思、恩格斯设想的人类社会美好前景不断在中国大地上生动展现出来！"[1] 马克思主义旗帜应该在中国天空永远飘扬，中国特色社会主义道路应该一直走下去，习近平新时代中国特色社会主义思想应该永远坚持。

---

[1] 习近平：《在纪念马克思诞辰 200 周年大会上的讲话》，28 页，北京，人民出版社，2018。

世界并不平静，社会主义之路并不平坦，改革也不可能绝对完美、绝对完善、一次到位。解决老问题，防止出现新问题。改革没有句号，因为问题没有句号。每次新问题的解决，都使中国特色社会主义前进到一个更高的阶段，也是中国特色社会主义理论的新发展、新境界。这符合社会主义发展规律，恩格斯说过所谓社会主义不是一成不变的，而是经常变化和改革的社会。这也符合《矛盾论》和《实践论》阐述的对立统一规律和实践与认识关系的规律。中国特色社会主义实践推动理论发展，而中国特色社会主义实践和理论都是在解决矛盾中前进的。

四、中国与世界的关系也受辩证法规律支配

中国从站起来、富起来到强起来的历史进程，不仅是中国历史的深刻变革，同时也是影响世界政治格局、世界历史进程的变革，是中国与世界互动关系性质的变革。

中国与世界的关系同样是受辩证法规律支配的。马克思1853年发表在《纽约每日论坛报》的评论文章《中国革命和欧洲革命》中，曾经用历史辩证法"两极相联"即对立统一观点考察中国与欧洲的关系。马克思说："'两极相联'这个朴素的谚语是一个伟大而不可移易的适用于生活一切方面的真理，是哲学家所离不开的定理，就像天文学家

离不开开普勒的定律或牛顿的伟大发现一样。"并说："中国革命对文明世界很可能发生的影响却是这个原则的一个明显例证。"[①] 马克思的这个判断在当代中国的社会变革中得到了最明显的证明。

中国是一个有五千年传统文化的文明古国。在以往几千年历史中，直到明代前期，中国在世界仍占有重要地位，向世界贡献了中国文明，也吸取了其他国家的文明成果。中国与世界的交往是和平的、互惠的。中国是爱好和平的国家。在近代西方资本主义产生以后向外侵略和殖民的时代，中国曾经遭受帝国主义列强的宰割和侵略，是受害者、被压迫者。西方列强在中国与世界关系中，处于矛盾的主导方面。从站起来开始，中国逐步从世界的边缘走向世界的中心，但中国从不追求主导世界。毛泽东说过，中国应该对世界做出更大贡献。中国开始强起来后，这个方针没有变，也永远不会变。从 2001 年加入世界贸易组织到共建"一带一路"倡议和构建人类命运共同体，都显示了中国作为踏上强国之路的发展中的大国，虽然已经改变了近代在世界格局中屡遭侵略和挨打的地位，但不会走国强必霸的老路，而是同各国人民一道，积极构建人类命运共同体，不断为人类和平和发展做出新的贡献。中国坚持对外开放，促进了世界经济的发展，同时也

---

① 《马克思恩格斯全集》第 12 卷，113 页，北京，人民出版社，1998。

发展了中国。中国的开放政策符合历史潮流，符合世界各国的利益。中国与世界的关系是互利共赢的良性互动的辩证关系。世界离不开中国，中国也离不开世界。

第十一章

马克思主义在实践中前进

　　我们的时代，为创造性地发展马克思主义提供了前所未有的条件和机遇。现实提出的问题在呼唤马克思。葛兰西说过一段很有见解的话，他说，马克思是一个历史时代的精神的创始人，这时代大概要延续几个世纪，也就是一直到政治社会消灭和调整了的社会建立为止。只有那时，他的世界观才会被超越。

　　马克思主义必须坚持但又必须发展。实践是最强有力的，它既会惩罚对马克思主义的肢解，又会打破把马克思主义教条化的僵局。在这种大变动时期可能会出现所谓"危机"。其实这种所谓理论危机正是马克思主义面对挑战而迅速推进自己的时期。没有危机的封闭状态才是真正的危机。

一、对历史经验的反思：坚持和发展的辩证统一

斯大林和毛泽东是国际共产主义运动的领袖人物。他们的逝世，受到人民的沉痛哀悼，但这又为结束个人崇拜、重新推进马克思主义带来新的转机。痛苦与期望、悼亡的哀乐与新的进军号的矛盾结合，表明斯大林和毛泽东是具有某种悲剧色彩的伟大历史人物。

1953 年 3 月 5 日斯大林逝世。几年以后，在 1956 年 2 月的苏共二十大上，赫鲁晓夫终于亮出了反对个人崇拜的旗帜。接着在 6 月 30 日又发表了《苏共中央关于克服个人崇拜及其后果的决议》。赫鲁晓夫对斯大林问题的处理显然存在着方式、方法上的缺点，但应该承认反对斯大林个人崇拜，是出于现实的要求。

1976 年 9 月 9 日毛泽东逝世。这是继斯大林之后，世界上最大的社会主义国家、最大的无产阶级政党的领袖的逝世。两年后，1978 年 12 月召开的中共十一届三中全会，高度评价了正在开展的关于"实践是检验真理的唯一标准"问题的讨论，提出了历史地、科学地认识毛泽东的伟大功绩，完整地、准确地掌握毛泽东思想的科学体系的问题。这实际上是以中国的方式，含蓄地、有分寸地开始了对毛泽东个人崇拜现象的批评。

斯大林和毛泽东生前，对自己领导中的错误，在一定

时期和一定范围内也可以克服。例如，斯大林在苏联农业全盘集体化时期，对胜利冲昏头脑的批评；毛泽东在郑州会议上，对"大跃进"和"人民公社化"中的平均风和共产风的批评，以及在1962年1月党中央召开的七千人大会上的自我检查，都说明了这一点。但集体领导原则和民主集中制的破坏，都堵塞了他们彻底改正自己错误的可能性。他们的错误只有在他们死后以反对个人崇拜的方式来纠正，这是无产阶级夺取政权以后，马克思主义在社会主义国家发展中出现的新问题。其中有许多可供总结的经验教训。

在斯大林逝世后不久，1953年6月10日《真理报》发表文章《共产党是苏联人民的领导力量》，同年8月《共产党人》杂志发表文章《人民是历史的创造者》，开始提出了反对个人崇拜问题，以后还有这方面的文章陆续发表，逐步松动了长期禁锢人们的教条主义的紧箍咒，从而导致1956年2月苏共二十大公开提出了反对个人崇拜问题。

在中国，毛泽东逝世后并没有立即提出个人崇拜问题。相反，在一段时期内，强调的是"两个凡是"原则。理论上的拨乱反正，重点放在把被"四人帮"颠倒的理论重新颠倒过来，而没有触及如何完整全面理解毛泽东思想问题。尽管在政治上发生了根本性变化，但在以什么态度对待马克思主义和毛泽东思想这个根本问题上，仍然是在旧的思想轨道上踯躅。

但是，实践是最强有力的。1957 年以来，特别是"文化大革命"时期积累起来的经济、政治矛盾，使生产力和科技发展缓慢，从而把一个最尖锐的问题摆在人们面前：究竟是"按既定方针办"，沿着原有的路线走下去，还是真正按照中国的实际情况，建设有中国特色的社会主义呢？要走后一条路，必须正确对待马克思主义，特别是突破"两个凡是"原则。要做到这一点，必须找到比马克思主义、比毛泽东个人权威更高的权威，这就是实践原则，1978 年上半年在中国大地上展开的关于"实践是检验真理的唯一标准"的讨论，使这个马克思主义中最常见、最基本的原理，取得了特殊的、奇妙的政治与理论功能，成为打开禁锢人们头脑铁锁的钥匙。

在斯大林时代，苏联共产党的特殊地位，使得斯大林的理论和实践的影响力超出了苏联一国的范围。斯大林问题成为一个国际性问题。破除对斯大林的个人崇拜，无论对社会主义国家还是对不处于执政地位的共产党都起到了不同程度的影响。但是由于复杂的国际形势，使得从苏共二十大开始的反对对斯大林的个人崇拜，转变成一个国际性的大争论，并形成各种性质的矛盾交织的复杂局面。反对教条主义，反对个人崇拜，创造性地发展马克思主义的呼声，同借反对教条主义为名，以非斯大林化为号召，变本加厉地肢解马克思主义交织在一起。

历史似乎在重演。1976 年之后，特别是在 1978 年，在中国又开始了批判个人崇拜、反对把马克思主义凝固化的教条主义的斗争。但情况已经不同。世界已经历了20年的演变，特别是我们汲取和总结了赫鲁晓夫处理斯大林问题的教训，对毛泽东做出了历史的、科学的评价。在中国开展的"实践是检验真理的唯一标准"大讨论，特别是1978年十一届三中全会开始的，并不是针对毛泽东的运动，而是真正坚持和发展马克思列宁主义、毛泽东思想，实事求是、解放思想的运动。

这是思想解放的十年，也是创造性地推进马克思主义的十年。通过关于"实践是检验真理的唯一标准"的讨论，人们逐步认识到，马克思主义提供的并不是现成的答案，而是认识世界和改造世界的根本理论和方法。中国的马克思主义者要取得社会主义建设的伟大成就，必须把马克思主义的普遍真理同中国的实际结合起来，创造性地推进马克思主义，建设有中国特色的社会主义。如果一切从本本出发，思想僵化，马克思主义的生机就要受到戕伐，社会主义建设就要重新陷入停滞。这个认识的代价是高昂的。它凝结了十月革命以来七十多年的国际经验，凝结了中国三十年社会主义建设的经验。

社会理论的各个领域，都呈现出探索性的、力图创造性地运用马克思主义的局面，以"实践是检验真理的唯一标准"为突破点，扩展到许多实践领域。无论就其讨论的问题、讨论的深度和广度来说都是"文化大革命"及其以前的年代无法比拟的。特别是思想解放运动，推动了经济体制和政治体制的改革，而改革的深化和发展又求助于理论的指导和论证。这种彼此影响、循环推进的互动作用，对于创造性地发展马克思主义是非常有利的条件。

但事物始终有两面性。反对"两个凡是"，提倡实事求是、解放思想，打破了思想僵化状态，弘扬勇于探索的精神，这是完全正确的。可是有些人却企图把它变为彻底否定毛泽东思想的非毛运动。他们鼓吹"学派论"、"多元论"、"过时论"，把坚持马克思主义和发展马克思主义对立起来。他们把坚持看成教条主义，而把发展看成彻底否定马克思主义的基本原理，实际上是以发展为名，行否定马克思主义之实。

坚持和发展应该是辩证统一的。只有坚持马克思主义，即以马克思主义为指导，沿着马克思主义开辟的道路前进，才有可能创造性地发展马克思主义。同样，也只有创造性地发展马克思主义，并不断结合新的实际，总结新的经验，解决新的问题，才能彻底坚持马克思主义。离开了发展的坚持，必定是僵死的教条主义。

其实，真正的坚持，其中就必定包含发展。因为在不同的时间、地点、条件下，面对不同的问题，始终坚持马克思主义，必然要求创造性地面对现实。固守"本本"，奉行"凡是"原则是做不到这一点的。反过来说，真正称得上创造性发展的理论，其中必然包括坚持，即包括对马克思列宁主义的立场、观点和方法的运用，对它的基本原理的确认。一个背离马克思主义基本原理的所谓创造性的马克思主义，过去没有，现在没有，将来也不会有。

搞个人崇拜并不是真诚信仰马克思主义，而是一种迷信。如果说，宗教迷信是"神的人格化"，即将幻想中的神转变为一种真实的存在，那么个人崇拜则是人的神化——人变成了绝对正确的、全能的上帝，这是一种虚假的形象。这种虚假的形象，尽管在一定时期内也能激起某种热情和期待，但从长远看，它禁锢人们的头脑，窒息广大人民的主动性和创造性。因此，反对个人崇拜，不仅不会导致马克思主义的危机，相反，它是真正打破停滞状态，克服危机，重新在被凝固化了的马克思主义中注入生命力的良药。

个人崇拜要反对，但马克思列宁主义、毛泽东思想一定要坚持，这是我们从历史经验反思中得出的重要结论。

二、马克思主义与当代资本主义

从马克思主义发展史的角度看，通过反对个人崇拜，马克思主义进入了自我反思的时期。它通过对当代资本主义的研究，重新验证自己，发展自己。

这个时期，从外表看似乎是所谓危机时期。其实，这正是马克思主义最具有创造性发展的可能性和必要性的时期。第二次世界大战后特别是近几十年来，资本主义的变化提出了许多新的问题，要求我们对此给予科学的回答。问题——问题的回答——发展，这是马克思主义发展的规律。

对资本主义社会形态的分析，是马克思主义学说中最重要的部分。不仅是《资本论》，而且完全可以说，马克思和恩格斯的绝大部分著作，都是直接或间接同研究资本主义社会密切联系的。揭示资本主义社会发展规律，阐述无产阶级伟大历史使命，是马克思主义学说的重中之重。因此，没有关于资本主义的理论，就没有马克思主义。

西方某些比较严肃的学者，承认马克思主义关于资本主义理论的基本原则并没有过时。例如，美国学者海尔布隆纳在《马克思主义：赞成与反对》一书第四章"对资本主义的社会分析"中说："我对马克思关于资本主义是什么的分析所持的态度要肯定得多，不管这种分析在说明资本主义将变成什么方面有什么问题。这个从简单商品开始的对资本主义的社会分析，我认为是我们所见过的最值得注意和最发人深省的敏锐思维之一……只要资本主义存在着，我就不相信我们能在任何时候宣布他关于资本主义内在本性的分析有任何错误。"①

---

① ［美］海尔布隆纳：《马克思主义：赞成与反对》，62页，北京，东方出版社，2016。

但不少学者根据资本主义的变化，根本否认马克思主义对资本主义分析的科学性和合理性。赖特·米尔斯认为，马克思主义的"各种理论都打着维多利亚时代资本主义的烙印"，"古典马克思主义已不再能确切地说明先进资本主义的现实状况，而是一种使用'希求语气'的政治空谈"①。托夫勒认为，马克思主义是第二次浪潮，即工业革命的产物，今天用马克思主义来诊断高技术社会内部的结构，如同在电子显微镜时代，仍然使用放大镜一样。当代最著名的法兰克福学派代表人物哈贝马斯也认为，现代资本主义是晚期资本主义，它已经消灭了自由资本主义的矛盾，马克思主义已不再适用。总而言之，在一些学者看来，马克思主义的劳动价值论已为知识价值论所取代，剩余价值论已为利润是组织管理生产报酬的理论，甚至是风险报酬理论所取代，国家的干预已完全消除了无政府状态和危机，新中间阶级已取代无产阶级和资产阶级的对立，无产阶级同资本主义制度一体化、无产阶级历史使命的理论已经陈旧，资本主义社会的前景不是社会主义，而是信息社会、后工业社会，等等。一句话，马克思主义已不再适用于当代资本主义社会。

其实，马克思主义从来不否认资本主义社会自身的变化，正是马克思和恩格斯自己把资本主义社会看成活的有机

---

① ［美］米尔斯：《马克思主义者》，135页，北京，商务印书馆，1965。

体，强调它的变异性。早在 1848 年发表的《共产党宣言》中他们就指出："生产的不断变革，一切社会状况不停的动荡，永远的不安定和变动，这就是资产阶级时代不同于过去一切时代的地方。"[①] 生活在 19 世纪的马克思和恩格斯，当然不可能经历他们身后的变化，但我们不能由此得出结论说，马克思主义对作为社会形态的资本主义社会的规律性分析已经过时。

在马克思主义的资本主义理论中，最有生命力的并不是关于无产阶级悲惨处境的论述，或个别国家革命前景的预言，而是对作为独立社会形态的资本主义社会的基本矛盾分析，即对生产的社会化和生产资料的私人占有之间的矛盾的分析。

在当代资本主义社会，这个矛盾并没有消失。即使在最发达的资本主义社会，所有制的具体形式发生了某些变化，但股份制并没有改变资本主义私有制的根本性质。少量的、分散的股票，对企业的性质而言是微不足道的，真正占有生产资料的并不是少量的股票持有者，而是少数的大资本家。在资本主义社会，股份制的实质并不是私有制的消失，而是它的变形，是大垄断集团集资的一种方式。而整个资本主义生产则由于生产力的发展和科技革命的推动而越来

---

① 马克思、恩格斯：《共产党宣言》，30 页，北京，人民出版社，2018。

历史唯物主义与中国道路

社会化。发达资本主义国家的大垄断集团，不仅有可能在国内把生产、交换、流通高度集中和合理分工，而且能够通过跨国公司在世界范围内实行某种分工和协作，从而把生产的社会化发展到资本主义社会的最大限度。

马克思关于资本主义生产方式的秘密是剩余价值的生产的理论，揭示了资本主义制度下资产阶级和无产阶级的剥削和被剥削关系。尽管当代科技革命的发展，使无产阶级的劳动条件、经济收入和生活状况，同资本主义早期的情况相比有了很大改善，但并没有根本改变无产阶级和资产阶级关系的本质。无产阶级仍然是雇佣劳动者，仍然依靠出卖劳动力为生。工资的高低是劳动力的价格问题，并不改变劳动的雇佣性质，无产阶级仍然是剩余价值的创造者。尽管科技发展和生产自动化，使得工人从直接劳动者逐渐转变成生产过程的监督者和管理者，劳动时间相对减少，但剩余价值并不是机器的产物，而是劳动（包括直接投入生产的脑力劳动）创造的。只是同资本主义早期相比，剩余价值的生产越来越依靠智力的支出，而且相对剩余价值的生产在一定程度上代替了绝对剩余价值的生产。

当代科技革命，并没有使资本主义社会的无产阶级消失，而是扩大了他们的队伍。它改变的是工人阶级的结构，而不是绝对数量。尽管传统的工业部门，如钢铁、煤炭、造船、纺织工业人数减少，但新兴工业，特别是第三产业发展很快。

蓝领工人和白领工人的比例发生变化，传统意义上的工人，即单纯的体力劳动者日益减少，脑力无产阶级队伍不断扩大。从一个企业看，高科技和自动化减少了对工人的需求，但生产力的发展可导致新的社会分工和新的生产部门的出现，从整个社会看，又增加了对工人的需求。随着资本主义发展的是工人队伍的扩大，这个论断是完全正确的。

当代资本主义社会存在中间阶级，但并不存在中间阶级化，即无产阶级和资产阶级同化于中间阶级的趋势。马克思主义关于资本主义社会日益分裂为无产阶级和资产阶级两大阶级的论断，并不排斥中间阶级。当代资本主义社会中间阶级的存在，并不是由于小生产的稳固性和生命力，而是由于社会结构所产生的一种功能性需要。发达的资本主义，需要大量的教师、医生、工程师，需要大量的经理人员、管理人员。但中间阶级同样是不稳定的，两极分化的趋势同样存在，因此资本主义社会的发展使中间等级不断分化又不断凝集。

马克思主义关于资本主义必然过渡到社会主义的论断并未失效。尽管第二次世界大战以后，特别是二十年来，西方发达资本主义国家还未形成革命形势，经济发展、局势稳定，但我们不能由此得出结论说资本主义社会是永恒的；或者认为，资本主义社会发展的前景不是社会主义社会，而是信息社会、后工业社会、技术电子社会之类的社会。其实，后几种所谓"社会"是资本主义社会内部生产力的技术形态的变化，而不是社会关系的根本变革。

在当代，资本主义生产关系还有容纳生产力发展的可能性。资本主义社会的寿命究竟有多长，现在很难预料。关键问题是，能不能把资本主义社会形态看成永恒的、最终的形态？我们的结论是不能。资本主义社会代替封建社会，用了几百年时间，而且至今地球上某些地区，仍然存在封建的、半封建的制度，但谁也不会由此认为，封建社会是永存的。社会主义代替资本主义是人类历史上更伟大的变革。从世界范围的转换看，从社会主义在一国胜利到在全世界处于支配地位，需要经过很长一段两种社会制度共处的时间。从十月革命至今不过一百多年，怎么能据此认为，资本主义制度是永存的呢？工人阶级，特别是觉悟了的工人阶级，不会由于生活的改善而长期安于自己被剥削的地位。特别是资本主义社会的弊病，已经引起了劳动者的强烈不满和抗议。西方发达资本主义国家生产力和科技的发展，预示的不是社会主义和资本主义的趋同，而是由整个社会共同占有主要生产资料和把生产成果变为人类共同财富的社会是必要的和可能的。资本主义越发达，离社会主义社会越近而不是越远。

但是，马克思主义关于资本主义的理论必须发展，我们应该从实际情况出发，认真研究现代资本主义社会的特点，从中得出新的、符合实际的正确认识。

总体来说，马克思主义的经典作家当时对资本主义制度成熟程度估计过高。无论是马克思和恩格斯创立马克思主义的 19 世纪 40 年代，还是资本主义早期，当时所暴露的矛盾，是资本主义工业化初期的矛盾。第二次世界大战以后，特别是近几十年来，主要资本主义国家生产力的发展和科技革命的兴起表明，资本主义制度还能容纳生产力的继续发展。资本主义制度对财产关系和分配关系的调整，特别是政府加强干预经济和宏观控制，对于缓和社会矛盾和阶级矛盾、促进生产力的发展是能够起到重要作用的。

近几十年来，当代资本主义确实发生了很大的变化。我们必须对资本主义社会在经济、政治、意识形态方面出现的新的特征，对资本主义社会的产业结构、就业结构、工人阶级结构和生活状况的变化，对资产阶级国家推行的政策，对资本主义走向社会主义的方式、条件和特点等进行探讨。但这种探讨必须以马克思主义对资本主义社会形态的基本矛盾和本质的分析为依据。离开了这个根本立足点，所谓对资本主义社会的再认识，会自觉不自觉地背离马克思主义。

三、社会主义改革的两种趋向：马克思主义与反马克思主义

科学社会主义的理论和实践经历了三个阶段：第一阶

段是社会主义由空想到科学，这是马克思和恩格斯的时期；第二阶段是社会主义由理想到现实，这是由十月革命开始的社会主义制度的建立时期；第三阶段是社会主义由一国模式到寻找适合本国建设道路，这是当前社会主义国家正在进行的经济体制和政治体制改革的时期。这三个时期，不是绝对前后相继的，而是交叉的。社会主义由空想到科学并没有在1895年恩格斯逝世时终结，应该说，社会主义由理想变成现实的过程，就继续包含着对马克思、恩格斯科学社会主义理论的验证、补充和发展；而社会主义国家的改革应该是社会主义制度的自我完善，是继续把社会主义真正由理想变成现实。

与上述发展阶段相适应，我们看到三种关于社会主义制度的构思。一种是由马克思和恩格斯创立的科学社会主义，这是一种观念形态上的社会制度，是对社会主义制度本质特征的理论把握；另一种是由十月革命开始在地球上出现的社会主义制度的现实；再一种是作为改革的总体目标，即通过经济体制和政治体制改革确立的社会主义体制，也可以称之为具有本国特色的社会主义。对马克思主义的肢解，往往发生在两次转换中。

由理论的社会主义到现实的社会主义是第一次转换。

马克思和恩格斯关于社会主义的理论，是把共产主义作为一种同资本主义相对立的社会形态来考察的。他们以资本主义条件下大工业、社会化大生产和商品经济的充分发展为出发点，从资本主义生产方式内在矛盾的分析中，阐明了资本主义必然为更高的社会形态所代替的趋势和规律，划分了共产主义社会发展的低级阶段和高级阶段，并从区分两个阶段的角度原则上指出了它们在所有制、分配方式、阶级关系，以及上层建筑方面的基本特征。马克思和恩格斯舍弃了民族的特点，着重把握的是社会形态变化的规律。这种分析是科学的，它在理论上和逻辑上是严密的、首尾一贯的。

可是，从俄国十月革命开始先后建立起来的社会主义制度，都是发生在生产力比较落后、资本主义不发达或很不发达的国家。因而，它们同马克思和恩格斯设想的在资本主义高度发展基础上孕育成熟的社会主义社会，显然不完全一样。有些人就以此为据，攻击马克思、恩格斯的科学社会主义理论是空想社会主义，是新的乌托邦。这是完全错误的。马克思和恩格斯以毕生的精力反对各式各样的空想社会主义，从反对"真正的社会主义"到反对杜林的空想社会主义，马克思和恩格斯从来反对教条式地预言未来，他们反对对社会主义的特征和建设作详细的描绘，反对束缚人们的手足。1880年考茨基在《人口增殖对社会进步的影响》一书中讲到，共产主义社会将会对人的生产进行调整和控制。恩格斯在致考茨基的一封信中针对这一点说："无论如何，共产主义社会中的人们自己会决定，是否应当为此采取某种措施，在什么时候，用什么办法，以及究竟是什么样的措施。我不认为自己有向他们提出这方面的建议和劝导的使命。"① 马克思和恩格斯一贯认为，如何建设社会主义的问题，应该由人们的实践来解决。

社会主义从理论到现实的飞跃，正是马克思主义科学性的伟大证明。

从一国模式到寻找适合本国特点的社会主义建设道路是第二次转换。这是又一次飞跃。

十月革命以后的几十年中，苏联在斯大林时期逐步建立起一个以单一公有制为基础的、高度集中的、以行政命令进行经营管理的计划经济体制。其他后继的社会主义国家，也在不同程度上大体采用了苏联的模式。这种制度在一定时期内是有它的历史作用的。苏联在几十年之中，把一个落后的沙皇俄国变成超过英国和法国，能与美国相抗衡的超级大国，用较短的时间走过了西方发达资本主义国家几百年的发展过程。可是，随着生产力的发展和科技革命的兴起，这种过分集中的、僵化的体制日益暴露出它的种种弊端，必须进行经济体制和政治体制的改革。

---

① 《马克思恩格斯全集》第 35 卷，145～146 页，北京，人民出版社，1971。

已经夺取了政权的社会主义国家，在经历了几十年社会主义建设之后，又倡导改革，是不是说明，马克思主义不灵了？社会主义不灵了？不是。有人认为，社会主义尝试的失败将是20世纪的遗产，西方也有些政客聒噪共产主义已经溃败之类的狂言，都不过是些不切实际的梦呓。

　　社会主义的改革，不是证明了马克思主义不灵，而是恰好证明了马克思主义的真理性。社会主义改革最深刻的根源，是生产力的发展和科技革命兴起同原有体制的矛盾，它要求改变原有经济体制和政治体制中的某些弊端以适应生产力的需要，并促进它的发展。也就是说，社会主义改革的根源存在于社会主义社会的基本矛盾之中。

　　社会主义改革还证明，在经济落后国家进行社会主义建设，不可能短期内达到马克思和恩格斯设想的水平。但从长远目标看，从社会形态发展的高度看，各种所有制的同时并存，各种分配制度的同时并存，以货币为中介的商品生产和交换，以及资本主义私有经济、各种非劳动甚至剥削收入，终究是人类历史过程的一定阶段，而不是历史的终点。改革，是找到一条真正在自己国家建立社会主义的道路。从这个意义上说，社会主义改革不是离马克思和恩格斯的理想越来越远，而是越来越近。

　　我们承认，在社会主义理论和实践的两次转换中，都提出了超出马克思和恩格斯当时视野的新问题。例如，在第一次转换中，最尖锐的问题是如何在落后的国家进行社会主义建设的问题；在第二次转换中，提出诸如社会主义发展的阶段问题，如何进行社会主义的宏观经济调控问题，计划经济和市场调节如何结合的问题，如何利用商品和货币的关系问题，如何正确贯彻按劳分配原则问题，如何进行物质文明和精神文明建设问题，如何发扬社会主义民主与完善社会主义法制问题，等等。这些问题的解决，必然会推动马克思主义的发展。

由此，必然就会存在两种不同的改革：一种是坚持以马克思主义为指导，把改革看成社会主义制度的自我完善；另一种是反对马克思主义，鼓吹社会民主主义，主张经济上实行私有化，制度上实行所谓的民主化，理论上实行多元化，这实际上是借改革之名，行倒退之实。因此，坚持改革的社会主义方向，坚持马克思主义，这是任何一个社会主义国家应坚决不能动摇的。

四、做一名真正的马克思主义者

谁是真正的马克思主义者？这既是一个老问题又是一个新问题。

19 世纪末 20 世纪初，列宁反对第二国际以伯恩施坦为代表的修正主义时提出过这个问题。

20 世纪 50 年代下半期，国际共产主义运动的争论提出过这个问题。

当前，在世界范围内，这个问题更加尖锐、更加复杂。

一方面，根据马克思主义必须同各国实际相结合的原则，各国马克思主义者应该根据本国的特点找到一条通向社会主义的道路，特别是取得政权之后，应该根据本国的特点来建设社会主义。人们既然根据本国的实际情况和文化传统来理解、运用马克思主义，那就必然存在差异性。

另一方面，在世界上存在着对马克思主义的多种解释。从 20 世纪 20 年代卢卡奇的《历史与阶级意识》开始，经过第二次世界大战，特别是 20 世纪七八十年代以来，涌现出打着各种旗号的马克思主义。

对马克思主义存在着多种理解是当代的客观现实。有的哲学家认为，至少存在 15 种以上的马克思主义；有的认为，马克思主义存在五个阵营，即东欧的、西欧的、南斯拉夫的、苏联的、中国的；有的认为，存在三大派，即苏联的马克思主义、中国的马克思主义、欧共改良主义的马克思主义，等等。他们的基本观点不同，甚至相互对立，究竟谁是真正的马克思主义者呢？

我们反对真理多元论。马克思主义就其真理性与科学性来说是一元的，真理的一元性就在于它的客观性。

可是，人们对马克思主义普遍真理的运用可以是具体的、多样的。不仅在马克思主义和各国情况相结合过程中会产生差异性，而且在马克思主义的理论研究中，由于研究问题的范围不同，观察问题的视角不同，也会从不同的方面来理解、丰富和发展马克思主义。这不仅可以把各国社会主义革命和社会主义建设的经验，把不同国家、不同民族的实践经验及其总结汇集到马克思主义之中，而且可以通过各种观点的相互补充，推进马克思主义的发展。当然创造性地发展马克思主义是一个极其复杂的过程。这就要求我们始终坚持"实践是检验真理的唯一标准"的原则，分辨真理与谬误、正确与错误，对各种打着马克思主义旗号的学派进行深入研究和批判性考察。在当代，我们尤其要反对"马克思主义过时"论，反对以弗洛伊德主义、存在主义、结构主义或者其他什么主义来曲解马克思主义。

坚持马克思主义并不是把马克思主义教条化，教条主义者并不是马克思主义者。恩格斯曾经告诫说："不要生搬硬套马克思和他（恩格斯）的话，而要根据自己的情况象马克思那样去思考问题，只有在这个意义上，'马克思主义者'这个词才有存在的理由。"[1] 列宁在《论我国革命》中驳斥教条主义时也出现过"象马克思这样的'马克思主义'"[2]

---

[1] 转引自［俄］阿·沃登：《和恩格斯的谈话》，见《智慧的明灯》，91页，北京，人民出版社，1983。

[2] 《列宁全集》第43卷，371页，北京，人民出版社，1987。

的提法。马克思反对把自己的理论教条化。做一个像马克思那样的马克思主义者，就要始终坚持把马克思主义的普遍真理与革命的实际情况相结合，也只有这样才能永远沿着马克思和恩格斯开辟的道路继续前进。

后 记

未来属于马克思主义

　　世界上没有万世一系的王朝，也没有永恒不变的思想体系。在人类历史上，许多思想体系在经历了一个或长或短的时期后无不从兴盛走向衰落。古代希腊罗马和中国春秋战国时期学派林立、百家争鸣的繁荣景象终已成为历史的陈迹。

　　一种思想体系能存在多久，首先取决于它能在何种程度上满足社会的需要。社会需要是一种思想体系能够产生和存在下去的依据。这种需要的社会基础越广泛、越强烈，符合这种社会需要的体系的存在时期越长久。其次取决于这种思想体系的性质，它的真理性、可传播性和适应性。一种高深莫测、晦涩难懂、封闭的思想体系是很难持久的。

　　相对而言，马克思主义是比较年轻的思想体系，它从诞生至今还不到两个世纪，正处在方兴未艾之际。

马克思主义极大程度上满足了社会的需要，从社会主义在一国首先胜利到社会主义在世界范围内成为处于支配地位的社会形态，这是一个相当长的历史阶段，马克思主义承担的历史使命还刚刚开始，远没有结束。到目前为止，人类并没有发现有任何学说和主义能取代马克思主义。无论是弗洛伊德主义、存在主义、结构主义、逻辑实证主义，以及其他什么主义之类，就局部范围说，或者就自己的研究领域来说，很可能有某些可取之处，但从总体来说，它们无法科学地解释历史和现实，根本不可能成为人类获得解放的指导原则。马克思主义诞生以后，特别是第二次世界大战以来，西方出现了许多学派，但它们的寿命都不长，如同走马灯一样，唯独马克思主义依然保持着它巨大的吸引力。在当今世界上，马克思学的长盛不衰，这本身就是马克思主义具有强大生命力的一种证明。

马克思主义具有极强的适应性。从其产生看，它开始于西欧几个比较发达的资本主义国家，但就其传播范围来看，它很快超出了西欧、北美，传到亚洲、非洲、拉丁美洲，传播全世界。它之所以能在不同文化传统、不同种族和民族、不同语言的国家和地区扎根，是因为它能同各国的实际情况相结合，能够被民族化，适应不同情况的需要。

马克思主义具有实践性和群众性。历史上许多思想体系的活动范围有限，它们往往是在少数知识阶层的狭小圈子中传播。而马克思主义走出了书斋，走出了单纯知识分子范围，与千百万人民的活动结合在一起。如果说，有些思想体系由于活动范围狭隘，往往随着它的创立者的逝世而走向没落，而马克思主义的广泛群众基础使得它不会因创造者逝世而发生中断。在马克思和恩格斯生前，在第一国际和第二国际时期已涌现出一批马克思主义者。在马克思和恩格斯逝世后，随着工人阶级革命政党的广泛建立和社会主义革命在一些国家的胜利，各国都出现了一批马克思主义者。在马克思主义广泛传播的基础上，马克思主义者人才辈出、代代相继。

马克思主义的生命力还在于它的创造性。历史经验证明，凡是以终极真理自居的思想体系，没有一个能够长期存在。马克思主义历来反对终极真理，认为它同辩证思维的基本规律是相矛盾的。绝对完满的认识，正如绝对完满的社会制度一样是荒谬的。

作为马克思主义创始人的马克思和恩格斯，终其一生都在不断地总结新经验，探索新问题，始终没有停止过创造性的研究。马克思和恩格斯的后继者的杰出成就不仅在于坚持马克思主义，而且在新的条件下发展了马克思主义，继续把马克思主义向前推进。

我们应该把马克思主义同马克思、恩格斯适当区分开来。马克思主义当然离不开马克思和恩格斯，它是由他们创立的，但又不能等同。马克思、恩格斯是创立这种学说的主体，而马克思主义是被客观化了的思想体系。马克思和恩格斯的生命是有限的，他们逝世于 19 世纪；而马克思主义作为一个思想体系，它按着自身的逻辑和规律发展，它的生命活动期相当长。因此我们对马克思、恩格斯评价的尺度应该不同于对马克思主义的要求。

我们对马克思、恩格斯的评价应该是历史的，因为他们是历史人物。我们不能脱离他们的时代要求他们。我们不能因为他们没有看到他们逝世后的科技革命，没有看到原子弹、计算机、遗传工程而否定他们。马克思和恩格斯的伟大功绩在于，他们完成了他们同时代人所无法完成的任务，为人类创立了一个新的学说——马克思主义，这是一个比他们前人的任何一种思想体系更科学、更具有批判性的思想体系。

我们对马克思主义的评价应该是现实的，即当代的马克思主义者在何种程度上推进了马克思主义，他们是否运用马克思主义解决或试图解决当代资本主义和当代社会主义面临的新问题，总结科技革命的新的成果。马克思主义的本质永远是当代的，而不是历史的，因此马克思主义有其长期存在的理由和根据。

毫无疑问，一个学派或思想体系的后继者同它的创始人之间的关系是复杂的。马克思主义在各国的传播，它与各国具体情况和文化传统的结合，当然会使马克思主义的内容和形态发生变化。但与其他思想体系不同的是，它不是表现为改变自己的内容以适应新的社会条件和特定阶级的需要，而是表现为沿着马克思主义创始人开辟的真理道路前进。它不是远离真理，而是不断为真理性认识增加新的成分。

难道人类以后只有一种思想体系——马克思主义吗？在我们的时代争论这个遥远未来的问题，只能转移人们对当代意识形态斗争的注意力，忽视了我们应该如何结合当代提出的问题创造性地发展马克思主义的重大责任。用抽象的、烦琐的争论来推开当前的现实，是很不明智的。

其实，只要我们深入地考察一下人类思想史，这个问题就不难回答。在人类思想史上曾发生过各种思想体系的演变，但在各种思想体系下获得的知识并不会消失。如同积土为山，层层相叠构成了人类知识的总体。

同样，在马克思主义体系中，我们应该看到无产阶级理论形态的马克思主义和作为人类知识、作为科学真理的马克思主义之间的差异性。马克思主义作为无产阶级的理论形态，它所包含的特定的阶级关系和阶级内容，当它的历史使命完成之后会消失，可是作为科学真理，它会被汇集到人类知识的海洋之中。即使多少年以后出现一个什么主义或思想体系，只要它是科学的，它必然会在马克思已经取得的科学成就基础上产生，并把它作为最重要的来源和内容包括在其中。在这个意义上，马克思主义是永存的。

有些人在谈论所谓马克思主义的危机。我们承认马克思主义发展的道路是曲折的。马克思主义从 19 世纪 40 年代的少数先进分子的理论，发展为整个工人阶级的理论，成为社会主义各国的指导思想，在一百多年中，它沿着一条上升路线前进。可是从 20 世纪 50 年代中期开始，它似乎开始走下坡路了。有些原先的社会主义国家抛弃了马克思主义；在一些资本主义国家中，马克思主义与工人相脱离，逐步回到课堂和书斋，成为一种纯学术研究。其实这不是马克思主义的危机，而是背离马克思主义造成的危机。这种危机，必然推动当代真正的马克思主义者去探索、思考，进一步创造性地发展马克思主义。

真理的力量是不可战胜的！

未来属于马克思主义！

图书在版编目（CIP）数据

历史唯物主义与中国道路/陈先达著. —北京：北京师范大学出版社，
2019.8（2021.4 重印）

ISBN 978-7-303-24891-9

Ⅰ.①历…　Ⅱ.①陈…　Ⅲ.①历史唯物主义-发展-研究-中国
②中国特色社会主义-社会主义建设模式-研究　Ⅳ.①D61

中国版本图书馆 CIP 数据核字（2019）第 159053 号

营　销　中　心　电　话　010-58805385
北京师范大学出版社
主题出版与重大项目策划部　http://xueda.bnup.com

LISHI WEIWUZHUYI YU ZHONGGUODAOLU
出版发行：北京师范大学出版社　www.bnup.com
　　　　　北京市西城区新街口外大街 12-3 号
　　　　　邮政编码：100088
印　　刷：北京盛通印刷股份有限公司
经　　销：全国新华书店
开　　本：130 mm×200 mm　1/32
印　　张：9.5
字　　数：182 千字
版　　次：2019 年 8 月第 1 版
印　　次：2021 年 4 月第 2 次印刷
定　　价：59.00 元

策划编辑：饶　涛　宋旭景　　　　责任编辑：赵雯婧
美术编辑：王齐云　　　　　　　　装帧设计：王齐云
责任校对：李云虎　陶　涛　　　　责任印制：陈　涛

版权所有　侵权必究